An Introduction to Gadamer

The Voice of Tradition

Hans-Georg Gadamer

ガダマー入門

語りかける伝統とは何か

巻田悦郎
Etsuro Makita

アルテ

まえがき

ドイツの哲学者ハンス＝ゲオルク・ガダマー（Hans-Georg Gadamer, 1900-2002）の主著『真理と方法』の出版年は一九六〇年であるが、著者ガダマーの名は、ハーバーマスとの論争によって、一九七〇年代になってから世界的に知られるようになった。日本でも、それより少し遅れて、七〇年代末にガダマーや解釈学が話題に上るようになったが、彼の名が知られるようになったきっかけは、やはりハーバーマスやヤウスなどとガダマーがおこなった論争である。

やはり現代解釈学の担い手の一人で、フランス人哲学者のポール・リクールもまた、六〇年代から七〇年代にかけて自らの哲学を解釈学の方向へと発展させた。ガダマーは日本に来たことはないが、リクールは一九七八年に来日して、言語の創造性などについて講演を行っている。

『現代思想』（青土社）と『思想』（岩波書店）で解釈学の特集が組まれたのは、一九七九年である。ガダマーの『真理と方法』第一部の日本語訳が出たのは、一九八六年である。日本は、八〇年代前半に解釈学ブームを迎えていた。七九年に大学に入学して八〇年代を大学・大学院時代を過ごした私が、ガダマーに関心をもつようになったのも、このような状況と無関係ではない。

ブームが去ったあとも、ガダマー研究は細々と続いていた。最近、ガダマーに関する日本語の論文の数は増えていて、『ハンス＝ゲオルグ・ガーダマーの政治哲学』（加藤哲理著）のような大部のガダマー研究書も出ているのだが、全体としては細々とにすぎなかったし、一般のレベルではガダマーに対する関心も理解も乏しかった。

その原因の一つが、ガダマーの主著『真理と方法』の日本語訳の刊行の遅れにあることは、いなめない。『真理と方法』の第二部である邦訳Ⅱ巻は二〇〇八年、第三部である第Ⅲ巻は二〇一二年になってようやく出版された。

一九八六年から二〇〇八年まではガダマーの主著の翻訳はほぼ第一部しかなかった。その第Ⅰ巻のテーマは解釈学というよりは芸術であるし、冒頭には日本人にはかならずしも馴染みがない人文主義的な概念の概念史の記述があって、とてもとっつきにくいものであった。ガダマーの主著の一部ではあるが、その解釈学を知るには、適切な書物とは言えなかった。

ガダマーの入門書としては、日本では、快著『人間科学の方法論争』で知られる丸山高司の『ガダマー――地平の融合』（一九九七年）と、ウォーンキーの『ガダマーの世界――解釈学の射程』（二〇〇〇年）がある。後者は英語で出ているガダマー入門書の日本語訳で、ガダマー理解の鋭さと正しさにおいて傑出している。

しかし、二冊しか入門書がないというのは、日本におけるガダマー受容の規模の小ささを物語っている。ガダマーの入門書には、外国語のものも含めて、これまで、『真理と方法』の第二部を解説し、そのあとに、ハーバーマスとの論争など後年の思想展開を申し訳ない程度に付け加える形式のものが多かった。第二部の解説にしても、ガダマーの『真理と方法』の構成に制約されすぎていて、たいていは、シュライアーマッハーからディルタイへの解釈学に関する歴史的な部分をたどり直し、次に、先入見やら伝統、時代の隔たり、地平融合、影響史的意識など、ガダマー解釈学の基本概念を解説するのである。

本書もまたガダマーの入門書であるが、むしろ、日本で起きた、次のようなガダマーの誤解や疑問点に答えるという形をとることにより、ガダマーの解釈学のより一層ゆたかな理解を目指す。その誤解や疑問点とは――

・ガダマーのシュライアーマッハー理解やディルタイ解釈に対して疑問が提出されているが、ガダマー解釈学はそれによって意義を失うのか。

・もしガダマーが言うように、歴史家を含めわれわれが、自分が生きる時代に制約されているのだとしたら、過去の認識をあきらめなければならないのか。

・ガダマーのように先入見を肯定してしまったのなら、現実と真実への通路を先入見でふさぎ、物事の正しい認識という理念を放棄することになってしまうのではないのか。

・テクストの了解は地平融合として起きると言うが、地平融合が起きるには現在の地平と過去の地平がまずなければいけない。過去の地平を了解に先立って知ることができるのなら、了解は不要ではないのか。ガダマーが現在の地平しかないと述べているのはなぜか。

・テクストはある人がある意図や思想、感情を表現したものであり、テクストの意味とは著者の意図にほかならないのではないのか。もし解釈の基準として著者の意図を否定してしまうならば、テクストは恣意的な解釈に委ねられてしまうのではないのか。

・テクストが話すはずがないのに、ガダマーは「テクストはわれわれに語りかける」という言い回しをしばしば用いるのは、テクストの誤った擬人化ではないのか。

・麻生建が書いた論文の影響で、日本ではガダマーが、ヨーロッパの伝統のことしか考えてないヨーロッパ主義者であるという理解が一部になされているが、それは正しいのか。

その際、同時に注意したことは、〈適用〉ということである。詳しく厳密にではなく、自らの体験や日本における事例もまじえ、ガダマーにおいて言われていることを大胆に言い替え、時には省略や敷衍も恐れずに、そしてまた、ガダマー自身の著書や解釈学の構成にとらわれることなく、ガダマーをわかりやすく紹介しようと思う。

目　次

1　ガダマーの伝統的解釈学批判は誤っているのか？

学問にはさまざまなものがあるが、それは大きくは、自然科学と精神科学に分けられる。理系と文系と言ってもいいかもしれない。自然科学が自然現象を対象とするのに対して、精神科学は人間的現象を対象とするとされる。人間的現象は人間の心理や行動様式、作品、社会・組織、人間社会の法的・経済的・教育的その他の制度などである。

人間を対象としていても、人間の身体的な側面を対象とする医学や生理学は精神科学ではなく、自然科学に分類される。

「精神科学」という言葉は、今日では古めかしくなってしまい、最近はあまり使われない。代わりに使われるのは、「社会科学」や「人間科学」である。自然科学に対して「精神科学」とか「文化科学」とか呼ばれていた学問グループは、人文科学と、狭義の社会科学にさらに分けられる。

人文科学は、伝統的な文系の学問群で、哲学や文学、歴史学などを含んでいる。そのテクストが法律か詩かといった違いはあっても、それらの学問に携わる研究者が行っている作業は、ほとんどが、テクストの解釈である。文学研究者は古典や著者の伝記的な史料を、法制史家は過去の法律を、神学者は聖書を、哲学研究者は哲学者の著作を読み解釈する。

解釈学は解釈についての学問なので、人文科学は解釈学の主要な対象だということになる。

社会科学は、心理学や社会学、経営学、経済学、政治学といった新興の文系的諸科学で、過去の文献も用いるが、現在の社会や人間をも対象とする。社会科学は自然科学の手法を使って人間や社会を解明するという発想から生まれてきているので、方法的には自然科学に近い。心理学は被験者を利用した実験を行い、社会学は各種の統計データを処理しアンケート調査を行い、文化人類学はフィールドワークを行う。

ガダマーが精神科学ということで念頭においていたのは、精神科学と言うよりは、文学や歴史学、法制史学、神学などの人文科学であり、彼が解釈学と呼ぶものは、狭義には、これらの学問でどのように了解が起きているかについての哲学的な反省である。解釈学はここでは精神科学論、より正確には、人文科学論である。そこには社会科学はほとんど含まれていなかったので、『真理と方法』出版後に、ハーバーマスとの論争などにおいて、彼は社会科学について釈明を求められることになった。

「(神が書いた)自然という書物」という見方もあるので、自然を一つのテクストと見なすことは不可能ではない。もしそうなら、自然科学の解釈学というのも当然考えられる。(1) 社会科学についても、人間の行為を解釈すべきテクストと見なすならば、解釈学の対象となる。

ただし、ガダマーによれば、人文科学において重要なのは、科学との共通性としての方法ではなく、その根底にある生活世界との共通性である。言い換えれば、自然科学との共通性ではなく、歴史経験や芸術経験と共通なものである。だから、彼にとって、精神科学者の誤った方法論的な自己理解を克服することが必要であった。

しかし、広義の解釈学は、さらに大きな射程をもつ。ガダマーは『真理と方法』の第三部で解釈学を存在論へと拡張した。第二部では精神科学、歴史的諸科学が対象であったが、第三部では、言語と世界の関係がテーマであり、人間の世界経験一般が問題となる。議論は、精神科学のような学問的な経験にはもはや限定されない。解釈学はここでは世界経験の言語性を扱う議論であり、第一部の芸術論や第二部の精神科学論を含んでしまっている。

テクストは言語の特殊な形態であり、精神科学論としての解釈学、狭義の解釈学は、このより普遍的な解釈学に対して、部分的で派生的である。『真理と方法』出版後の著述では、ガダマーは精神科学をテーマとするよりも、人間的経験全般について語っていることが多い。

このことを考慮しながらも、しかし、本書では、とくに狭い意味での解釈学、精神科学論としての解釈学にまずは焦点を当てたい。

一九世紀までは聖書学や法学、文献学など、分野ごとに、そしてまた解釈されるテクストの種類ごとに、解釈のさまざまな技法が研究され議論されていた。時間が経過して理解しがたくなった、聖書やホメロスなどのテクストを解釈する技術・手法についての議論として、解釈学は発達したのであった。

こうしたバラバラの解釈学を、思想と言語との関係という普遍的な原理から、テクストの内容や種類に制約されない統一的な理論を築いたのが、シュライアーマッハーであった。その際に、シュライアーマッハーが立脚したのが、ロマン主義と歴史意識であった。

ディルタイはこのロマン主義的・歴史主義的な解釈学を継承したが、同時に、カント哲学にならい、精神科学を認識論的に正当化しようとして、解釈学を精神科学の方法論として発展させた。

伝統的解釈学批判

ガダマーの見方によれば、シュライアーマッハーやディルタイの解釈学も、それ以前の解釈学と同様に、方法論であった。そのような方法論的な解釈学と区別して、ガダマーは自らの解釈学を「哲学的解釈学」と呼んだ。

ガダマーはハイデガー哲学を足場として、(2) 従来の方法論的な解釈学に対して、とりわけ、シュライアーマッハーやディルタイの歴史主義的な解釈学を批判して、それらを乗り越える、歴史性の解釈学を企てた。

たしかに、ガダマーのシュライアーマッハー理解やディルタイ理解に対しては、批判がある。シュライアーマッハーについて言えば、ガダマーは彼の心理学的・予見的（divinatorisch）な解釈をもっぱら取り上げてシュライアーマッハーを批判したが、心理学的な解釈はシュライアーマッハーにおいて最初から最後までつねに、文法的な解釈に伴われていたと、M・フランクは主張した。[3]

ガダマーのディルタイ批判に対する代表的な論客は、F・ローディであろう。[4] ガダマーはディルタイに、認識を生に基礎づける生の哲学と生に異質な科学的確実性を求めるデカルト主義とのあいだの分裂を指摘した。

これに対して、ローディはディルタイにおいて生の哲学が一貫していると主張した。ディルタイの生概念はたしかに、晩年にヘーゲルの精神概念に近づいたが、完全に目的論的には考えられていないと、ローディはディルタイを擁護している。

もし、フランクやローディらの反論がまったく正しいとすれば、ガダマーのシュライアーマッハー解釈・ディルタイ解釈は誤っていたのであり、ガダマーがその批判によって退けたのはシュライアーマッハーやディルタイの解釈学そのものではなかった、と言える。ガダマー解釈学によって彼らの解釈学は乗り越えられたという見方は間違っている、ということになる。

しかし、そうであるにしても、シュライアーマッハーについて言えば、かつて彼の解釈学の特色はその心理学的解釈にあると見なされていて、ガダマーもそれに従っていたし、また、そのようなものとしてシュライアーマッハーは当時、理解されていた。そして、シュタインタールなどにはそのようなものとして影響を与えていたのである。

ガダマー解釈学以前には、こうした理解に基づいて、テクストの了解の目的を、著者の心情の追構成や著者が生きた地平の再構成と結びつけて考えていた。そして、この考え方は今でもまだどこかで、支持されている。

これはやはり、ロマン主義やディルタイらの解釈学の影響である。その影響が誤解にもとづいていたにしても、誤解を通して行使された、一つの大きな、無視しえない影響であった。ガダマーの解釈学は、このような影響のなかにあった解釈学的な考えに対する批判としては有効である。

また、シュライアーマッハーやディルタイの思想は、解釈学という枠で捉えることができるのかという問題がある。ディルタイについて言えば、精神科学の基礎を心理学から解釈学に移したという従来の見方が正しいのかどうかということが議論されることがある。このこと自体が、ディルタイの思想が解釈学では汲み尽くせないことを示している。

かりに、解釈学の観点からガダマーがシュライアーマッハーやディルタイを乗り越えたということが言えるとしても、それは解釈学の観点からにすぎず、他の観点からは、克服でも何でもないかもしれない。

しかし決定的なのは、ガダマーの解釈学は、この章で見るように、それまでの解釈学と異なり、解釈者と了解の歴史性を解釈の生産的な構造契機として組み込んだ新しい解釈学だ、ということである。歴史性を了解に組み込むことに成功できていなければ、どんな解釈学でも、ガダマーの批判と乗り越えの対象となる。

ガダマーは、『真理と方法』で、第二部前半での、シュライアーマッハーからディルタイまでを扱った論述をふり返って次のように述べる。

「(歴史的世界観と、シュライアーマッハーからディルタイにおけるその展開の) いたるところで、同じことが示された。いたるところで、解釈学の要請は、知の無限性において……はじめて満たされる。解釈学の要請は……知の無限性のなかで自身の有限性を解消することに……根拠づけられたものとして叙述された。一九世紀の歴史主義がこの帰結をけっしてはっきりとは認めようとしなかったという事実には、あきらかに、どんな原理的な意義もない。しかし、最終的には、歴史主義がその正当性を見いだしたのは、ヘーゲルの立場においてであった。たとえ、経験主義の情熱に心を満たされた歴史家たちが、ヘーゲルの代わりに、シュライアーマッハーやフンボルトを好んで引き合いに出したのだとしても、そうである。しかし、シュライアーマッハーもフンボルトも、ヘーゲルの立場をけっして最後まで考え抜かなかった。彼らが、われわれの了解が克服すべき疎遠さの壁である個性をどれほど強調しても、最後には、単に無限の意識のなかに了解は

その完成を、個性の思想はその根拠づけを見いだすのである」（WM: 325）

この引用では、シュライアーマッハーやフンボルト、ランケ、ドロイゼン、ディルタイが、ヘーゲルに対抗しつつも、実際には、知の無限性のなかで人間の歴史性を解消してしまう点で、ヘーゲルと同列であった、と言われている。これに対して、ガダマーはハイデガーから人間存在の歴史的有限性の立場を解釈学に組み込んだ。

シュライアーマッハーにおいて文法的・技術的な解釈が心理学的な解釈に最後まで随伴していたのだとしても、文法的・技術的と心理学的、そのどちらの型の解釈も、解釈者の歴史性を考慮しない解釈である。文法的な解釈とは、著者が用いる言語を、彼が生きた時代の言語の全体から了解する解釈である。当時の言語を客観的に再構成するとき、解釈者の歴史性は中断すべき要素ではあっても、解釈に積極的な仕方で役立つ要素ではない。

ディルタイは、生の哲学を自身の哲学のなかで維持したのだとしても、やはり追構成について語っている。人間存在の歴史的有限性を了解の積極的な契機として了解に組み込むことには、成功していなかった。

かりにガダマーの解釈学がシュライアーマッハーやディルタイの解説や解釈に尽きるなら、シュライアーマッハーやディルタイの誤った理解は、ガダマー解釈学にとって致命的である。しかし、彼の解釈学は、客観化や自己移入について語るそれまでの解釈学に対して、明らかに、新しい解釈学であった。

ガダマー以前は、テクスト理解は追構成や再構成と、生の客観化、心理学的な解釈と文法的な解釈といった概念と結びつけられて考えられることが当たり前であった。このことは、たとえば、一九五〇年代に現れた、法制史家のE・ベッティの「一般解釈論の基礎づけのために」[5]やJ・ヴァッハの「了解について」[6]といった論文を読んでガダマーと比較すれば、明白である。ガダマーは了解と解釈を、もはや、そのような概念では記述しない。

たとえば、仏教の受容史で日本が、神ではない仏をさまざまな神のなかの一つとして受容したことが、仏教の誤った理解だとしても、だからと言って、日本で独自に発展した仏教思想のオリジナリティが否定されるわけではない。正しいか誤っているかの問題は、新しいか古いか、オリジナルか平凡かという問題の前では、瑣末な問題である。

新しい思想が現れて、ある程度受容され承認されると、それまでの思想は、乗り越えられた過去のものとして扱われがちである。〈ガダマーの解釈学によって過去の解釈学が克服された〉という定式は、たしかに、シュライアーマッハーやディルタイの研究者たちにとって受け容れがたいものである。その定式は、これら過去の解釈学は顧みるに値しない、という印象を与えるには十分だからである。彼らからすれば、自分たちの存在意義を問われかねない。

だが、それは、あくまで単なる印象にすぎない。そこから、シュライアーマッハーやディルタイが探究に値しないという結論は出てこないはずである。

歴史意識の解釈学

ガダマーは、どのように伝統的解釈学を批判しているのか。

シュライアーマッハー以降の伝統的解釈学は、ガダマーの哲学的解釈学に対して、認識論的であるとか方法論的だとか、その他、ロマン主義的、心理学主義的などと特徴づけられる。しかし、そのもっとも重要な特徴は、歴史主義にあるように思われる。

一八世紀末にヨーロッパで、諸現象をすべて、歴史的に生成したものと見なす世界観が成立した。これは、科学革命にまさるとも劣らない革命的出来事であったという。その世界観とは歴史意識（historisches Bewußtsein）である。ガダマーによれば、歴史意識の成立はヘルダーやロマン主義において起きた。

ガダマーでは「歴史意識」という概念は、「歴史的思考（historisches Denken）」や「歴史主義（Historismus）」と、意味がかぶる概念である。もちろん、厳密にはそのあいだには違いがあり、とくに「歴史主義」は、歴史意識を徹底し絶対化して、何でもかんでも歴史的に捉えようとする態度を意味し、ガダマーにおいて、常に否定的な意味合いを込めて使われる。

歴史意識は諸現象の歴史性の意識であって、この意識にとって、普遍的に見えるどんな現象も、特定の時代と場所で成立して変化・発展してきた歴史的なものである。似たような現象があるとしても、もし別の時代に発生したものであれば、同じ基準で評価することはできない。どんな時代にも通用するような普遍的な基準や価値は、この意識によれば、存在しないのである。

存在するのは、それぞれの時代や社会の独自な性格や体系である。現代もまた、過去のさまざまな時代と並ぶ一つにすぎない。どんな時代も、そのようなものとして、基本的には、対等なのである。

古代と近代でどちらが優れているかという問題をめぐる一八世紀初頭の新旧論争（Querelle des ancieans et des modernes）は、歴史意識成立の前夜の状況を表している。その論争以前には、古代の模範性は自明なものだと思われていた。そこに疑いが生じて、古代と近代ではどちらが優れているかが争点となり、最終的には、歴史意識の成立とともに、古代と近代のどちらが優れていることはない、ということで、論争に決着がついたのである（WM: 166）。

ガダマーがよく挙げる例であるが（GW8: 102, GW4: 159）、アルトドルファーの『アレクサンダー大王の戦い』という有名な絵は、歴史意識がまだ成立していない一六世紀に描かれた。ここに描かれている兵士たちは、その戦いが起きた紀元前四世紀ではなく、画家が生きていた時代の服装をしている。

歴史意識には、これはアナクロニズムにしか見えない。歴史意識によれば、その絵はアレクサンダー大王の時代に実際に使われていた服装や戦列様式、地勢で描かれなければならなかった。現代の日本人も、近代化の過程で欧米の文明を受容することにより、この歴史意識の洗礼を受けていて、たとえば、江戸時代の事件を扱った、テレビの歴史ドラマで、背景に高圧線の鉄塔がわずかでも見えたら、おかしいと感じるのである。

歴史意識成立以前には、人々は過去との連続性のなかで生きていた。過去は現在に語りかけ、現在へと自然に溶け込んでいた。伝統は疑われない自明性をもって現前しており、古典は倣うべき模範であった。哲学や神学では、時代を超える普遍的な価値基準が、とくに疑問もなしに想定されていた。

しかし、歴史意識が成立すると、過去は現在とは異なる基準の下にあり、直接には理解できない疎遠なものと感じられるようになった。過去は、現在の基準ではなく過去の基準からはじめて正しく理解できる。過去の基準に精通していない一般の現代人が、過去を理解できなかったり、誤って理解したりしてしまうのは、当然のように起こりうる事態だと見なされるようになった。

歴史意識は、このように、歴史的諸世界の異質性と他者性の意識（WM: 274, GW2: 143）、過去との非連続性・断絶性の意識なのである。

解釈学の歴史主義化

歴史意識は、過去の出来事を理解するには、それが成立した時代や社会的な背景から理解すべきだと主張するが、このことはテクストにも当てはまる。伝承されたテクストは、現代作家たちの随筆や小説とは違い、現代にとっては異質な過去の世界に由来するものである。

たとえば、『枕草子』は平安時代に清少納言が著した随筆である。だから、それは平安時代という当時の宮廷文化の諸習慣や言語用法から、そしてまたさらには、作者の生活・人生の一断面（瞬間Moment）として、理解すべきなのである。そこで言われていることには、現代人の感覚・体験と通じたり現代の出来事を連想させたりするものがあるように見えたとしても、それらに結びつけて考えることは、あまりに素朴なことなのである。

歴史意識は、時代や歴史的出来事だけでなくテクストにも適用され、解釈学を大きく変質させることになった。解釈学において転回点となったのが、シュライアーマッハーの解釈学である。彼によって歴史意識が決定的な仕方で解釈学に導入されるにいたった。

ガダマーの理解では、シュライアーマッハーの解釈学において、了解概念は、了解されるべき特定の伝承とのつながりから解放され、人間の思考との関係から規定されるようになった。思考と言語は一体であるが、思考が外的に、つまり音声や文字として固定されるとき、言説を生み出す技術とともに、この言説を解釈する技法が、つまり、修辞学とともに解釈学が必要になってくる。

解釈とは、外的な言語がそこから発生した根源的なものとしての思考を取り戻す技法である。(7) これにより、解釈学は、どんな種類の言説にも原則あてはまる一般解釈学となった。

シュライアーマッハーによれば、重要なのはテクストが執筆された社会的・言語的な状況を再構成して、自らを著者と同一化すること、著者の心的構成のなかに自らを置き移すことである。[8]テクストは著者の生の一断面として、生の表出（Lebensausdruck）として理解されるようになった。

歴史意識が一般的になると、テクストの統一性が解体してしまうことも起きる。たとえば、聖書は信徒にとっては、神の言葉として統一的なテクストであろうが、歴史意識にとって、異なる聖書記者によってさまざまな時期に書かれた文書の集成である。もし、歴史主義の解釈学の主張するように、テクストをその起源から理解すべきだとすれば、それはいくつもの起源をもつものとして、解体してしまう。これはキリスト教の信徒からすれば、ゆゆしき問題であった。

歴史性

歴史主義が蔓延すると、歴史的な解釈が不適切である場合にも、歴史的解釈が行われる。ユークリッドの幾何学や古代の王の偉業をほめたたえる碑文も、著者の人生から理解されるということになる。しかし、ユークリッド幾何を理解するのに、ユークリッドの人生を知る必要はないであろう。古代の王の偉業を記す碑文は、王によって命じられて、ある人生を歩んだ書記が書き記したかもしれないが、その書記の体験や考えを表現したりその人生を反映したりするものではない。

テクストをその成立から理解すべきだと言っても、テクストの種類や条件によっては、それが明白に適切でない場合も存在するのである。これはブルトマンが「解釈学の問題」で指摘していること

とである。(9)

また、テクストの成立過程や著者の伝記的事実は探究に値するとしても、しかし、テクストは、いくつもの時代と世代を伝承されてきたものである。この伝承過程なしには、テクストは現代の読者や解釈者の手に届くことはなかった。

ところが、解釈学の歴史主義化が徹底すると、テクストが成立した時代だけが特権的に扱われ、テクストが伝承されていく過程、成立の時代に後続する諸時代と解釈者が属す現代が、視野から締め出されてしまう。『枕草子』はそれが執筆された平安時代だけでなく、江戸時代にも現代にも読まれ、享受されている。

著者の自己理解や著者と同時代の読者の解釈だけが絶対視され、現代を含めた後世の読者や解釈者たちの解釈がなおざりにされてしまう。これはヤウスがガダマーから発想を得て、受容史という概念を使い指摘した点である。(10)

さらに、歴史意識による真理の喪失の問題がある。過去は歴史意識が教えるように、現在の意識にとってすべて理解不可能で疎遠なのであろうか。遠い時代に述べられていることであっても、そこに真実が、つまり、われわれの時代にも当てはまることが含まれていないであろうか。

哲学史の研究者たちは別としても、一般の人々まで、なぜ二千年以上も前に生きた孔子やプラトンを読むのであろうか。『枕草子』のようなとても古い時代の文学作品が現代の読者を感動させるのは、なぜだろうか。歴史意識の解釈学は、過去の作品がなお後世の人々に語りかけ訴えかける可能性を、最初から無視してしまっていないであろうか。

真理や受容史の問題と関わるが、聖書のような聖典は信徒にとっては神の言葉であり、単に過去の出来事の歴史的な記録ではない。聖書は現代の信者や非信徒にも訴えかけて、その生き方を変えたり方向づけたりするなどして、救済の出来事にならなければならない。パウロの「ローマ人への手紙」は、ルターやバルトなど、はるか後世の宗教家を動かし、新しい宗教運動の原動力となった。聖書の内容を読者が自らの状況に妥当させるというこの適用の問題が、歴史意識の解釈学においては、無視されてしまう。

しかし、ガダマーが歴史意識の解釈学を批判するのは、何と言っても、それが人間存在の歴史性を軽視している点である。著者の意図を把握する、著者に自らを移し入れると心理学的に定式化されようと、過去をあったが通りに再構成すると客観主義的・実証主義的に定式化されようと、ガダマーより前の解釈学は、了解する者の歴史性を、その本質的な契機として解釈学理論に統合していなかったどころか、それを中断すべきものとして扱った。

歴史意識は、過去のテクストをそれが成立した時代や著者から理解すべきだと主張する。しかし、現代の解釈者は著者の時代ではなく、現代に生きている。歴史意識の解釈学が、解釈者は自分が生きる時代を抜け出て、テクストが成立した時代に入り込み、著者と一体化すべきだと主張したとしても、それは文字通りに受け取ることはできない。タイムマシンでもないかぎり、解釈者は過去の時代に移動することはできない。

歴史主義の解釈学は、もしかしたら、何らかの精神的な、あるいは比喩的な意味で、そう主張したのかもしれない。つまり、解釈者は肉体的・文化的には、自らが生きる現在という時代を離れることはできないが、しかし、精神的な意味では、解釈者と著者とのあいだの時代的隔たりを無意味にすることができるのではないか。

解釈者は、いわば、自らの視点だけを過去の時代に、そして、著者や最初の読者の内へと移し入れるのである。あるいは、解釈者の精神のなかで、テクスト成立の社会的状況と著者の創造体験を実際に起きた通りに再現する。

もちろん、現代に生きる解釈者がそうする以上、現代という時代に支配的な考え方や文化、概念などが、その理解に混入してしまうおそれは、たしかにある。そして、一般の読者による解釈には、おうおうにして起きてしまうことであろう。たとえば、平安時代の「をかし」に現代日本語の「おかしい」の意味を読み込んでしまう。しかし、文学研究者や歴史学者は、対象となる時代についての正確な知識と厳密な方法論の習得によって、そのような現代的要素をシャットアウトできなければならない。

だが、ガダマーの考えでは、解釈者はその認識活動も含めて、特定の時代と文化に属す、徹底的に歴史的に有限な存在であり、自らが生きる時代や文化から受けとった先入見や前提を完全に締め出して、テクスト成立の時代やその著者を了解することはできないのである。このため、歴史意識の解釈学はガダマーに言わせると、不可能なことを要求しており、その点で不当なのである。

つまり、歴史意識の解釈学に対するガダマーの批判の眼目は、人間存在の歴史性の無視という点にある。歴史主義の蔓延に対して、ニーチェは歴史を超える力強い生を対置し、レーヴィットは古代ギリシアの非歴史的な世界観に回帰しようとした。ガダマーでは歴史主義との対決の仕方は、ニーチェなどとは異なっていた。ガダマーは、了解と了解する者の歴史性を主張することによって、歴史主義を克服しようとしたのである。

歴史主義は諸現象の歴史性を主張したが、歴史を認識する人間存在の歴史性を真剣に受け取らなかった。ガダマーはハイデガーによる人間存在の実存論的分析に基づいて、了解を歴史的な人間存在の存在様式だと見なし、了解そのものの歴史性を主張した。歴史的なのは、人間的諸現象であるだけでなく、了解するという認識活動もまた、そうなのである。

ガダマーは歴史性を徹底することによって歴史主義を克服したのである。

そして、その歴史性は了解の限界なのではなく、むしろ、了解を可能にしているものなのである。ガダマーの解釈学の意義は、歴史性を了解の積極的な契機として承認できるような理論を樹立したことにある。

2　歴史的な存在者には過去の理解は不可能なのか？

歴史性

人間存在はその認識活動も含めて、歴史的である。どんな人も、自分が生きている時代に支配的な考え方や概念、生活様式などにどっぷりと浸かっていて、そこから離れることはできない。人は自分が生きる時代によって与えられた視点からしか物事を見られない、言い換えれば、公平無私の客観的な立場から物事を見られないのである。一般の人たちと同様に、歴史学や文学の研究者も、自分たちが生きる現在の時代に制約されている。

逆説的に聞こえるかもしれないが、了解を妨げるようにみえるこの歴史性が了解を可能にしているのだという見方がある。ディルタイもガダマーもそのような見方の持ち主なのである。だが、ガダマーはディルタイの解釈学に歴史性の等閑視を指摘したのではなかったのか。

しかし、この二人では歴史性の意味が異なることに注意しなければならない。ガダマーも引用しているのだが、ディルタイは『歴史的世界の構成』のなかでこう述べている。

「精神科学の可能性のための第一の条件は、私自身が歴史的な存在であるということに、歴史を探究する者が歴史を作る者と同一であるということに、ある[11]」

精神科学的な認識が可能なのは、精神科学者自身が歴史的な存在だからである。歴史家の歴史性は歴史的認識の条件なのである。

このことの意味は自然科学との対比ではっきりする。自然科学では、認識する者は人間だが、認識される対象は自然である。これに対して、精神科学では、認識されるものは、認識する者と同じ人間か、またはその所産である。

なるほど、同じ人間、同じ民族であっても、過去の人間は他人である。時代が違うので、まったく異質な世界観をもっているかもしれない。しかし、人間という点では同一なので、基本的な部分で理解し合う可能性が保証されているのである。葬式の仕方や感情表現の仕方は違っても、愛する家族が亡くなれば嘆き悲しむことには変わりない。調理の仕方や食材は違っても、調理して食べることには変わりない。

たしかに、人間の所産、たとえば芸術作品、は人間そのものではなく、素材的には石こうとか音の振動とかいった物質的なものである。しかしながら、それは人間が創作した人為的なもの、人間がその内側にある意図や人生観、感情を表現したものであり、この点で、自然現象とは明らかに区別される。川原の石ころは自然物だが、石像は人為物であり、人間精神の所産である。

芸術や制度・慣習、歴史的出来事は、認識者と同じ人間が作り出したものであり、同じ人間である認識者にとって、基本的に親密なもの、理解可能なものである。だから、自然の場合と違い、文化や歴史が認識可能かどうかについて、認識論的に正当化するためにいろいろと議論する必要はない。どんな遠く異質な時代であろうとも、同じ人間がその文化や制度や作品を作り出しているのであり、それらは最終的には理解可能なのである。

風習や言語は違っていても、人間は基本的には互いに同質的なのである。異なる時代と社会を人間性という同一のものが貫いている。歴史家はいわば、この人間性という超時間的な棒に触れることにより、異なる時代の人間と、ノイズなしに意思疎通することができる、というわけである。これはガダマーに言わせると、歴史性を無視することにほかならない。

ディルタイは次のように述べている。

「私は社会のさまざまな制度の交点として、社会の相互諸作用のなかへと織り込まれている。この諸制度はまさに、人間の本性から現れ出たのであり、この本性を私は自身のうちでは体験し、他者においては了解する」[12]

人間は、社会の制度や相互作用に織り込まれている社会的な存在である。社会的な存在ならば、歴史的でもあろう。ところが、社会の制度や相互作用は、この引用によると、元をたどれば、人間の本性、つまり、人間性から発出したものだという。人間は自分から発したものに制約されている。これは本当の制約ではない。

「1　ガダマーの伝統的解釈学批判は誤っているのか？」ですでに述べたように、歴史意識の成立によって、それぞれ固有な、さまざまな時代や価値体系が存在するだけで、普遍的な価値は存在せず、現代にとって過去は疎遠で理解不可能なものと見なされるようになった。これを文字通りに受け取れば、現代の歴史家は探究対象となる時代とは別の時代を生きており、対象を理解できないはずである。

しかし、現代の歴史家だけは歴史意識をもつことにより、この制約を免れる。各時代が独自の価値体系をもつと言えるためには、歴史意識自身はどの時代にも属さず、すべての時代を公平に観察しうる立場に立っていなければならない。ランケは進歩史観を批判して、どの時代も神に直接していると述べたが[13]、歴史意識はまさにこの神に代わる位置に立っているのであり、歴史家も歴史意識をもつことによって神の視点に立ち、さまざまな時代を同一の人間性のさまざまな表現と見ることができる。

このように、ディルタイが評価していた歴史意識は、暗に、歴史を超越した公平無私の神的な視点を前提しているだけでない。彼は、時代を超えて同一であり続ける人間性のようなものを想定としている点で、歴史性を無視しているのである。

ディルタイは歴史家の歴史性を主張しながら、実は歴史性を否定したのである。では、ガダマーはどうであろうか。ガダマーは歴史性を、ディルタイのように同質性には結びつけて理解することはしなかった。ガダマーは了解の奇跡について述べる。

「了解の奇跡は、むしろ、伝承のなかにある真に重要で根源的に有意味であるものを認識するには、何ら〈同質性〉は必要がないというところにある」（WM: 294）

歴史性はテクストの了解と解釈が、了解・解釈する者が生きる時代に支配的な概念や考え方に制約されていることを、さしあたって意味する。人間は特定の時代の子であり、時代・世代が異なれば同じテクストを異なって了解する。

だが、これは解釈者が自分の時代に閉じこめられているということを意味しない。というのも、過去は現在にその声を届けているからである。

テクストの到来

歴史意識の解釈学は、テクストをそれが成立した地平において、つまりその時代の視点に立って理解しようとする。しかし、解釈者もまた、時代の子であり、現代の価値体系や考え方などは、全部は意識されない仕方で、解釈者を制約している。テクストを解釈する者の歴史性を真剣に受け取るならば、現代の概念を締め出して客観的に再構成するとか、著者の生《なま》の体験を体験し直すとかいったことは、不可能だと言わなければならない。

自らが生きる時代に縛られているのだとすれば、歴史家は結局、探究しようとしている過去の時代に、到達することはできないのではないのか、という疑問がわくかもしれない。

精神のうちで過去をありのままに再構成しようとしても、それは不可能な理想なのではないか。現代ではまったく誤っていると見なされている宇宙観や占いを信じている古い時代の著者は、現代人には理解不可能なのではないのか。歴史性はそもそも了解を不可能にしてしまうのではないのか。だとしたら、ガダマーは了解は不可能だと主張しているということなのだろうか。自らの歴史性を克服せずに、どのようにして過去やテクストの著者を知ることができるというのか。

解釈者と著者やその時代との時間的な隔たりは、克服不可能なのであろうか。この時代の隔たりを架橋する手立ては存在しないのであろうか。

しかし、よく考えてみれば、時代の隔たりを克服する必要はないのである。なぜなら、ガダマーによると、それはいつもすでに克服されてしまっているからである。次の引用はそれを示している。

「時代の隔たりは、むしろ、大きく口を開けた深淵ではなく、由来と伝統の連続性によって満たされている。この連続性の光のなかであらゆる伝承がわれわれに自らを示すのである」（WM: 281）

時代の隔たりは飛び越えるべき間隙ではなく、諸伝承に満たされている。そして、この伝統を通してテクストが現代のわれわれに伝承され、過去が現前する。時代の隔たりは、克服されるべき対象と言うよりは、このようにテクストの了解に積極的な役割を果たしているものなのである。

つまり、解釈する者の側で過去の時代に行かなくても、テクストの側で現代にやってきているのである。実際、テクストが時代から時代へ、世代から世代へと伝承されていく過程なしには、テクストは現代の読者や解釈者が手にとることはなかった。解釈者が解釈すべきテクストを手にしているということは、そのテクストは、著者の時代から時間的隔たりを飛び越えて突然こちらに現れたのでなく、過去の世代によって伝承されて現代にまでたどり着いた、ということである。

これに対して、もちろん、「待てよ」と言いたくなるであろう。たしかに、現在解釈者の手もとにあるテクストは、紆余曲折はあったにしても、現代にまでともかく伝承されてきたものであろう。しかし、書かれた後、次の時代には伝承されなかったり、途中の時代に散逸してしまったりして、現在のわれわれが知らないテクストも多いにちがいない。

現代まで伝承されても、欠落があったり断片的であったり、また、政治的な圧力や配慮などにより改変されていたり削除されていたりすることも多い。印刷技術が普及される前は、原本を一字一字書き写す写本を通してテクストは伝承されたが、その際に、写し間違いや良心的その他の補足が起きるので、いくつも異本ができた。異本ができると旧い異本や原本を排除しようという圧力が働くという、外山滋比古の指摘は興味深い(14)。

印刷技術が普及すると、異本は生じにくくなるが、その代わりに、同じテクストが、繰り返し再版され、再編集され、翻訳し直される。たとえば、夏目漱石の全集は一九一〇年代に漱石全集刊行會によって、四〇年代に明治文學刊行會によって、五〇年代に岩波書店から、六〇年代に角川書店から、一九七〇年代に筑摩書房から出されている。

写本や再編集以外にも、翻案されたり、モチーフの一部が別のテクストに採り入れられたりして、元の形をとどめない実質的な伝承もある。また、永く死蔵されていたテクストが発見されたり、ほとんど忘れ去られていたテクストがある時代に脚光を浴び、にわかに翻訳されたり解説されたりする文書もある。

つまり、伝承の過程はけっして連続的でも単線的でもない。複線的であり、増殖と途絶を繰り返している。伝承過程のこのような複雑さは、ガダマーが述べていないことである。これはたぶん、彼が聖書や古代ギリシア哲学のような、古典としての地位が固まったテクストだけを念頭において いるからかもしれない。古典として確立しているものもまた、外山滋比古が言うような(15)、多数の異本を発出してそれが収れんしていく過程を前段階としてもっているのではないのか。

逆に、過去のすべての、あらゆる種類のテクストが途切れずに伝承されたらどうであろうか。膨大な数のテクストの大海の前で、人々は茫然とするほかはないであろう。

過去の各時代のすべてのテクストが伝承されないのは、それだけの数のテクストを保存し伝承するのに、時間と場所と労力を割くことができないという実際的な理由もあろうが、伝承するに値しないテクストが多いからでもある。

歴史家は過去の事実のすべてを集めているのではなく、その歴史的価値に応じて選択して構成し直していると言われるが、歴史家による選択以前に、世代から世代への伝承過程のなかで諸々のテクストは、このような仕方で、いつもすでに濾過《ろか》されてしまっているのである。

もちろん、伝承には偶然的な要因も絡んでくるが、原則として、伝承に値するもののみが伝承される。伝承に値するテクストとは、後世の読者にも訴えてくる何かをもっているテクストであろう。現代においても意義があるとか、内容がおもしろいとか、今後も重要であるとかいったものが保存され再解釈され再版され、これがさらに未来への伝承の基礎となる。「意義がある」にしても「おもしろい」にしても、それは〈現代の伝承者にとって〉、あるいは〈(現在の伝承者が想定する) 未来の世代にとって〉、であるということが、ここでは肝心である。[16]

歴史意識の解釈学はテクストを、それが成立した時代や著者から捉えようとするので、〈現代にとって〉ということが、原理上、視野の外に置かれてしまう。この解釈学ではテクストの受容史や伝承過程の問題、そして、内容の真理性と適用の問題が抜け落ちてしまうと、すでに述べた。この二つの問題は実は連動している。

「文献学者としてあるいは歴史家としてテクストを了解しようとする者は、その言説をいずれにしても自分自身には関係づけない。彼はただ著者の意見を了解しようとする。彼が利用しようとするかぎり関心をもつのは、言われたことそのものの内容的な真理ではない。たとえ、テクストそれ自身が真理を教えようと主張していたとしてもである」（WM: 318）

この引用で「文献学者としてあるいは歴史家としてテクストを了解しようとする者」というのは、文脈上、歴史意識をもって了解しようとする者のことである。歴史意識の解釈学はテクストを著者の生にのみ関係づけて、つまり、後世の読者の生から切り離して、テクストが成立した時代からのみ、とらえようとする。ここでは、意見（Meinung）と真理（Wahrheit）が対比されている。テクストの意味は、異なる時代に生きる人物の共有不可能な意見として把握され、現在の伝承者の状況に適用できる真理、その権利が承認される事柄としては、把握されてない。〈現代の伝承者にとって〉どうかということがかりに考慮されたとしても、まったく副次的・派生的な問題として処理されてしまう。

伝承としての歴史科学

歴史意識は過去の時代をそれ自体から、つまり客観的に捉えることを教えたので、その成立は、最終的には、歴史諸科学の発達をもたらした。

歴史学者は、主観を交えない客観主義的な態度で、信憑性ある裏付けがある伝承のみを史料として採用する実証主義的な態度で、伝承されてきたテクストを歴史批判的方法で分析し、信頼できる（つまり、事実を反映している）部分を割り出し、それらが伝える出来事やその社会的背景や原因を再構成しようとする。こうしたことができるようになるまでには、一定期間に及ぶ訓練が必要で、誰にでもできるというわけではない。

他方、歴史家ではない一般の人たちもまた、何らかの仕方で歴史に関わっている。[17] 単に学校で歴史を最低限持つべき知識として学び、テレビで歴史ドラマを見たり歴史小説を読んだりするというだけではない。

歴史に対する前学問的な関わりは、実践的なものでもある。一般の人たちは歴史に、生き方のモデルや範型を見て、それを自分たちの行動に活かしている。民族的なアイデンティティをある歴史的経緯にあらためて確認し、悲惨な結果をもたらす出来事を回避するヒントを歴史に探し、また、現代の政治改革のモデルを、明治維新の志士たちに求める。過去はこのように、素朴な仕方ではあるが、現在に活かされ応用されるという仕方で、生き生きと現前している。それは実践的であるが、単に、現在の人間がある目的のために、歴史を自由に活用するということではない。それは単に実用的な関係ではなく、歴史は人生や政治の教師である。歴史は目的そのものをも与える。

だから、一般の読者と研究者、歴史に関心がある一般の人々と歴史学者のあいだには、まちがいなく違いがある。この違いは、しばしば、歴史学は客観的で正確だが、一般の歴史理解は主観的で不正確というように、図式的に誇張されて理解されている。しかし、ガダマーの考えでは、歴史意識が教えるように両者は対立するのではない。歴史学は過去に対する一般の人々の態度の延長上にある。

歴史科学を、歴史に対する素朴な態度と連続させるこの考え方は、フッサールの生活世界の考えに通じるものがある。フッサールの『危機』書によると、科学や科学が対象とする自然は、生活経験の理念化として、生活世界からその意味を汲み取っている。

たとえば、われわれが感じる暑さには、室温以外に、湿度や体温、直前までにわれわれが行っていた運動など、さまざまな要因が関わっている。科学はそこから、気温計で測定でき誰にとっても等しいものとなるような温度を抽象し理念化する。もしわれわれが生活人として暑さを感じることができないのだとすれば、科学もまた、温度の観念をもてないであろう。生活世界は科学の意味の源泉なのである。

歴史学にはもちろん史料として、伝承されたテクストが必要である。しかし、それは単に、過去を再構成するための手段なのではない。過去から伝承されたテクストは、単に過去の残骸（ディルタイ）なのではなく、歴史家を含めた現代の人々に語りかけ、訴えかけてくるものである。

「精神科学における了解は、伝統の存続と、ある根本的な前提を共有している。すなわちそれは、自らが伝承から**語りかけられている**（angesprochen）という前提である」（WM: 266）

語りかけられているというこの前提なしに、研究対象の意義さえ経験できない、とガダマーは言う。伝承されたテクストは、現代の一般の人々に対してだけでなく、歴史家に対しても語りかけ、そして、同時代と将来へと伝承するように仕向けている。だから、ガダマーは述べている。

「近代の歴史研究はそれ自身、単に研究であるのではなく、伝承の媒介（Vermittlung）である」（WM: 268）

歴史研究は、過去それ自体を明らかにすることではなく、過去を現在に媒介することである。過去の媒介ということであれば、一般の人々が行っている伝承活動と変わりないのである。違うのは、歴史研究が、歴史学界という専門家集団による媒介であるという点にすぎない。

媒介と言えば、ガダマーは『真理と方法』第一部の末尾で（WM: 158ff.）、シュライアーマッハーとヘーゲルを対比させて、解釈の課題を媒介として規定した。シュライアーマッハーは解釈学の課題を再構成（Rekonstruktion, Restitution）に見たのに対して、ヘーゲルは統合（Integration）ないし媒介（Vermittlung）に見た。ガダマーはヘーゲルのほうに軍配を上げているのである（WM: 161）。解釈学の課題は、過去を現在の生に媒介することにある。

だから、ガダマーは繰り返し、了解とは、時代の隔たりを跳び越えて、著者の心と交わったり、過去を再構成したりすることではなく、伝承されたテクストの意味に参与することであると述べている。

「了解の奇跡、これは魂と魂の間の神秘的な交感ではなく、共通の意味への参与である」（WM: 276）

「文学を了解するとは、まずもって過去の生を遡って推論することではなく、そこで言われていることに今、参与することを意味する。その際重要なのは、実際、個人と個人のあいだの関係、たとえば読者と著者（著者はもしかしたらまったく知られてない）ではなく、テクストがわれわれに与える伝達内容（Mitteilung）への参与である」（WM: 369）

「読みつつ了解することは、過ぎ去ったものを取り戻すことではなく、現前する意味に参与することである」（WM: 370）

「現前する共通の意味に参与する」と、最後の引用にあるが、これはどういうことであろうか。意味（Sinn）はテクストの意味で、意味が現前しているのは、テクストが現在の読者のもとにまで伝承されてきているからであろう。テクストは過去に残り、その意味だけが現前する、ということではない。実際、参与先として、「意味」という語が使われずに、単に「伝承」（WM: 268）とか、「伝承の出来事」（WM: 277）とか言われることもある。[18]「参与」の代わりに、「接続（Anschluß）」（WM: 279）、「入り込む（Einrücken）」（WM: 275）と表現されることもある。

了解は伝承の過程に参加すること、前の世代から同時代に、そして次の世代へとテクストを伝承していく共同作業に加わるということである。ただしそれは、バケツリレーへの参加のようなものと違い、テクストのなかで言われている内容、伝承の意味への参加である。「事柄の真理」という表現をガダマーは用いるが、言われている内容（事柄）を真実として引き受ける、自らの状況に適用するということが、そこに含まれている。

すでに述べたように、シュライアーマッハー解釈学では、歴史意識の影響で、テクストの内容は疎遠で理解不可能とされ、かつてのように解釈学の基礎であることをやめた。テクストの内容が真理である可能性は最初から顧慮されないようになってしまったので、理解の対象をテクストの内容から、理解可能な著者の生活やテクストが成立した時代・社会的背景へとずらした。

著者におけるテクストの創作過程を追体験したり、テクストが成立した社会的背景を再構成したりするためには、どうしても、解釈者は自身が属す現代とテクストが成立した時代とのあいだの歴史的な距離を乗り越えなければならないであろう。

ガダマーでは、テクストのなかで言われている内容が重要である。この内容は、彼において、しばしば「事柄（Sache）」と表現される。「事柄（Sache）」は事物のことではない。「テクストのなかで話題に上っている事柄（... der Sachen, von denen im Text die Rede ist）」（WM: 180. Vgl. 368）「テクストがそれについて語っている事柄（die Sache, von der der Text spricht）」（WM: 180 Vgl. 354, 376）といった表現が示しているように、それはテクストの内容を表しており、[19]「意味」と言い換えられている箇所もある。[20]

ガダマーは、テクストは著者の生の断面としてではなく、そのなかで語られている事柄から了解されなければならない、と繰り返し主張する。

「テクストは生の表現としてではなく、それが述べていることにおいて理解されることを欲している」（WM: 370）

「テクストは著者の主観性の生表現として理解されることを欲しない。したがって、テクストの意味をそこから限界づけることはできない」（WM: 372）

「むしろわれわれが固執したいことは、伝承の了解は伝承されたテクストを〈あなた〉の生の表現としてではなく、言う者たちとの、〈わたし〉と〈あなた〉との結びつきから切り離された意味内容として了解するということである」（WM: 340）

ガダマーは、了解と了解する者は了解されるテクストの内容に結びつけられていると考える。

「了解しようとする者は、伝承によって語り出す事柄に結びつけられている」（WM: 279）

ガダマーによると、シュライアーマッハーのすぐ前までの世代の解釈学では、了解の課題が内容の理解であることは自明であったという。ただし、その内容は特定のテクストの内容であった。聖書解釈学であれば、ユダヤ教・キリスト教という特定の宗教の聖典である、聖書という特定のテクストの内容であった。内容の真実性が最初から前提されていた。

ガダマー解釈学は、特定のテクストの内容に制約されていないが、しかし、了解において内容が重要であることを主張する。この限りではあるが、彼の解釈学は歴史意識発生以前の解釈学への回帰を表している。古い解釈学におけるのと同様に、彼において、了解する者はテクストの内容に帰属している。これは、内容が了解者に適用されること、了解者がテクストから教えられることを意味している。

本章の問いは、「歴史的な存在者には過去の理解は不可能なのか」であった。言い換えれば、歴史性は歴史認識を阻害するのか、ということである。しかし、これまで見てきたように、それどころか、歴史性は歴史認識の条件である。

歴史家も一般の人間も歴史的な存在である。しかし、歴史性は、われわれが、自分たちが生まれ属す時代や社会から逃れられないという消去的なことだけを意味するのではない。それは同時に、過去から影響され語りかけられているということも意味する。自らが属す時代や社会は不変のものではなく、過去から絶えず影響を受け、過去を同化し直して、変化している。テクストを了解し解釈することは、この変化の過程の一環として起きていることなのである。

3　先入見はテクストの意味への接近を閉ざしてしまわないのか？

「先入見」という日本語は、「偏見」とか「先入観」、「色めがね」、「バイアス」とかいった言葉とともに、否定的な意味をもつ言葉として使われる。それは正しい認識を歪めたり阻害したりするものであり、正しい認識のためには、先入見は、あらかじめシャットアウトしておくべきものとされる。先入見をもって物事を見てはいけないのであり、たとえば、服装や肌の色で人を判断してはならない、と言われる。

ドイツ語でも、事情は同じである。というよりも、ドイツを含めた欧米の用法が、明治維新以来の近代化の過程で受容されて日本語に定着したものであろう[21]。

ドイツ語では先入見は、「Vor-Urteil と書くが、Vor は「前に」「先に」を、Urteil は「判断」ということなので、それは文字通りには、先行的な判断、あらかじめの判断という意味である[22]。「先判断」と訳せるであろう。

判断は先判断に基づいてなされるが、先判断が（不十分だとしても）間違っていなければ、先判断の成果は判断で用いられ、部分的に修正され、また、吟味し残されたことが補われる。先判断が誤っているとされた場合は、先判断は廃棄される。先判断が誤っていると判断されたのに、そのことに気づかずにその先判断を適用する場合、先入見は判断を誤って導く。このように、あらかじの判断は、本番の判断を準備するものであるので、本番の判断を正しく導くことも誤って導くこともある。この意味では、それは元来、ニュートラルなはずである。

ところが、ガダマーによると、この先入見概念は、ある思想史的な経緯によって、もっぱら否定的な意味のみがあてがわれるようになった。思想的な経緯というのは、一八世紀のヨーロッパに起きた啓蒙主義である。啓蒙主義と言えば、伝統や権威にとらわれずに、生まれつきもつ理性を用いて、個人が一人で判断し行動することを要求する思潮であった。啓蒙主義にとって、伝統や言語、通念が与える先入見に頼ることは、自らの理性の使用を放棄するもので、否定的な意味しかもたない。

ところで、ロマン主義は、啓蒙主義の反動として起きた思潮である。啓蒙主義はキリスト教中世を否定し、理性による個人の自律を主張したのに対して、ロマン主義は逆に中世や民族的伝統を評価し、感情と拡張する自我を重視した。

しかし、ガダマーの見方では、ロマン主義はロゴス／ミュトスという啓蒙主義の図式を反転させただけで、図式そのものは踏襲した（WM: 258）。啓蒙主義はロゴス（理性）によるミュトス（神話）

の克服という課題を立て、ロマン主義はミュトスにロゴスに対する優位性を認めた。ロマン主義はいわば、啓蒙主義が差し出す土俵で、啓蒙主義と対決したにすぎない。そのロマン主義は各民族の伝承や神話に対する関心を深めることにより、最終的には、一九世紀の歴史諸科学の成立に帰着した。

したがって、啓蒙主義 - ロマン主義 - 歴史主義は、同じ一つの思潮の異なる三つの発展段階である。歴史主義の解釈学は、現代の概念や先入見を排除して、過去の時代をその時代そのものから理解しようとした。歴史主義は先入見を排除しようという点で啓蒙主義と共通するのであるが、これは歴史主義が啓蒙主義の末裔だからにほかならない（WM: 254f., 260）。

ガダマーがとくにディルタイを念頭においてではあるが、「啓蒙は歴史的啓蒙として完成した」と述べているのは、この意味においてである。[23]

歴史性と先入見

啓蒙主義や歴史主義、そして常識もまた、先入見の排除を要求する。ところが、ガダマーによれば、先入見は排除できない。その理由は人間存在の歴史性にある。人間は歴史的な存在であり、自らが生きる時代や属す文化によって徹底的に制約されている。人間自身は非歴史的な存在なのに、[24]歴史という異質なものにとらわれて動けないというのではなく、本質から歴史的なのである。

啓蒙主義は、「自らの理性に基づいて考えて行動せよ」と要求するが、しかし、実際、人間の個人はそのように考え行動しているであろうか。われわれは知識や認識図式、考え方、技術、価値観、行動様式などを親の世代や同じ共同体の同世代から、一部はさらに前の世代から、受容し、またそれらに依存している。

もちろん、われわれは、それらに反発・反抗したり、自分たちの時代に合わせて変更したり、独自に新しいものを発明・創造したりすることはあるが、その場合でも、古いものが前提となっているのであり、ゼロから出発しているのでない。

もし啓蒙主義の主張するように、個人が自らの理性に基づいてのみ考え認識しなければならないとしたら、知識の蓄積や技術の継承は、ほとんど起こらなくなってしまう。親の世代から継承した既存の知識であっても、十分に吟味して真理だとわかればそれを継承すればよい、過去の遺産の伝承と理性の使用は矛盾しない、と言われるかもしれないが、しかし、そういった、親の世代や共同体から受けつぐ知識は多すぎて、すべてを吟味することはできない。吟味されるのは一部にすぎないし、理性がそれらを吟味する際の基準そのものが、伝統から提供されている。

人間が歴史的な存在であることは、人間に対する言語の影響からも説明できる。フンボルトやウォーフが主張するように、そしてガダマー自身もその言語論で同意しているように、人間の認識や思考が言語から大きな度合いで制約されているのだとすれば、人間の思考と認識は歴史的だと言える。というのも、言語は共同体的なものであり、時代や地域によって異なり、また変化するものだからである。

このように共同体で共有され、歴史的に継承されてきた認識や知識に基づいて、われわれは現実を、そして自己自身を認識している。言い換えれば、そのような伝承された理解の型を通して現れる現実のなかに生き、そして、そのような先行的な理解によって形成された自己をもっている。

だから、ガダマーは、「個人の判断よりは個人の先判断のほうがはるかに、その個人の歴史的現実性だ」(WM: 261. Vgl. GW2: 224) と言うのである。もし先入見を排除するならば、それは自分自身を、そして自分自身がそのなかに生きる現実を、排除することになりかねない。

先入見が歴史的現実ならば、陸上動物がふだん空気の存在を意識しないように、先入見は先入見としては意識されない。ある判断をことさら取り上げて、よく吟味して正式な判断を下すということを、われわれはもちろん行うことはあるが、そのような判断は、自明視されていて意識されない無数の判断に比してほんのわずかにすぎない。しかも、それは先行する諸判断を踏み台にして行われているのである。

どのようにして先入見が了解の条件となるのか

以上のように、もし、人間が歴史的な存在で、所属する時代や文化から逃れられず、したがってまた、先入見を遮断できないのだとすれば、われわれはどのようにして過去を認識できるのであろうか。伝承によって過去が現前しているにしても、その現前した過去の認識を、先入見は阻んでしまうのではないのか。

過去にかぎらず、異文化であろうと同時代の他の文化や集団、制度、作品であろうと、はたまた、目の前の事物であろうと、先入見が除去できなければ、それに阻まれて、対象の真の姿を認識することは不可能になってしまうのではないのか。対象を捉えたとしても、曇った不完全な認識しか得られないのではないのか。

ところが、ガダマーは逆説的なことに、先入見の介在と歴史認識は両立可能だと考えていた。これはどういうことであろうか。

既述のように、ガダマーは過去の認識を、過去を現在に媒介すること、言い換えれば、現在と過去の文化の出会いであると考えていた。過去との対話と言ってもいいであろう。出会いが起きるためには、つまり、対話が行われるには、出会い言葉を交わすはずの二つのものがなければならないであろう。過去とともに現在がなければならない。もし、出会うべき二つのもののうちの一つである現在を排除してしまえば、出会いは起こらない。つまり、過去の認識はできない。

過去の認識は過去と現在の出会いであるが、先入見はとくにその現在と関係がある。[25]次の引用では、現在の地平は先入見から構成されていると言われている。[26]

「解釈学的状況は、われわれが持ち込む先入見によって決定されているという前提にわれわれは立つ。その限りで、**先入見は現在の地平を構成している**。というのも、先入見は、それを超えては見ることができないようなものを表しているからである」[27]（ゴシック引用者 WM: 289）

現在がなければ過去の了解は不可能であるが、これは言い換えれば、先入見がなければ了解は不可能だということでもある。媒介するためには媒介先の現在、したがってまた先入見が必要である。先入見は了解のための条件なのである。

「解釈学的問題の普遍性」（一九六六年）という論文で、ガダマーはこのことを、わかりやすく次のように説明している。新しいことを経験するためには、古いものにとらわれていなければならない。新しいことの新しさは古さとの対比ではじめてわかるからである。

「先入見は、われわれの世界開放性が何かにとらわれていることであるが、このことは、われわれが何かを経験するための、そして、われわれに起きることがわれわれに何かを言うための条件である。……まさに、われわれの好奇心に新しいものを約束する客こそが、われわれから歓迎されるのである。しかし、通されてわれわれのところに来る客が、われわれに言うべき新しい何かをもっている者であることを、どのようにしてわれわれは知るのか。われわれの期待や、新しいことを聞く心構えは、すでにわれわれの精神を占めている古いものから、規定されているのではないのか。……われわれは何かにとらわれていて、まさに、われわれをとらえているものを通して、新しいもの、異なるもの、真なるものに開かれている」(GW2: 224f.)

解釈学的な諸科学の対象は過去から伝承されたテクストである。過去は古いものではないのか。新しいものはむしろ、現在と現在を構成する先入見ではないのか。だが、ガダマーはそういう意味で「新しいもの」「古いもの」という表現を用いているのではない。

人間は過去のことをすべて保持することはできず、変化することで、現在の制度や流行が時代遅れになり、書いたテクストが廃棄されていく。だから、過去から伝承されたテクストはわれわれが知らないことを語っている可能性がある。過去のことであるから既知のはずであるが、この壮大な忘却のゆえに、未知でもある。そのかぎりで、過去は新しい。

逆に、先入見はわれわれがそのなかで生きているものであり、自明で既知である。過去や過去から伝承されたテクストがはらむ未知なものは、この既知と比較されてはじめて、新しい未知のものとして、経験されるのである。

過去の認識は現在と過去との出会いであり、現在なしには出会いは起こらない。先入見は現在を構成している。ゆえに、先入見は過去認識のための条件である。

先入見の変動

過去が現在と出会うとき、除去された現在があったところに、過去が代わりに来るのではなく、過去と現在が融合する。この融合過程において、必然的に、現在も過去も変様をこうむる。だから、ガダマーにとって了解の条件と見なされている場合の先入見とは、凝り固まった先入見ではない。むしろ、過去の了解が起きるためには、先入見は変化しなければならない。

過去が現在に媒介されるとき、先入見には何が起きるのだろうか。

先入見のなかで暮らしているわれわれは、ふだんは、先入見を意識しない。先入見は妥当しており、その内容は正しいと暗に思われている。先入見を通して見られる現実が現実そのものだと思われている。

ガダマーは、先入見は、過去から伝承された事柄にふさわしい（sachangemessen）かどうか試される（erproben）、と言う。ここで、真の了解を導く生産的な先入見が、了解を妨げる先入見からより分けられる。つまり、先入見は一律に、退けられるべき誤った判断なのではなく、正当な先入見も存在する、ということである。ただし、このより分けは了解に先立ってではなく、了解のなかで起こる。

過去の理解に際して、これらの先入見が投入される。その先入見がすんなりと適合すればよいが、適合せずに疑わしいということになることもある。そのとき先入見の自明な妥当性は宙づり状態に置かれる（suspendieren, WM: 282f.）。そうすると、意識されないままわれわれの精神を占拠していた先入見は、先入見として意識される。今度は、その先入見が事柄にふさわしいかどうかが吟味される。それが修正されたり、あるいは、他の先入見がいろいろと試されたりする。

この過程を、ガダマーは次のように、『真理と方法』第一部で彼が用いた「遊戯（Spiel）」概念を含む表現を多用して、記述している。

> 「実際には、自身の先判断は危険にさらされる（auf dem Spiel stehen）ことによって、本当に、本来的な仕方で関わる(ins Spiel bringen)ようになる。先入見はそのように自己を関与させる(sich ausspielen）ことによって、他者の真理要求を経験できるようになり、他者もまた自身を関与できるようにする」（WM: 283）

この引用にあるように、ガダマーは先入見が疑わしくなる事態、その妥当性が宙づりにされる事態を記述する際に、しばしば「危険にさらされている（auf dem Spiel stehen）」、「危険にさらす（aufs Spiel setzen）」と言う。この場合の「遊戯（Spiel）」は賭けの意味である。賭けられているものは、失われるおそれがある。が、同時に、それは先入見が先入見としてその本来の働きを発揮し（ins Spiel bringen）始めるということでもある。

あれやこれやの先入見が事柄にふさわしいかどうか検討すると言うと、自然科学における仮説の検証と似ているが、それとどれほど実質的な共通性があるかは検討にあたいしよう。先入見は、そのほとんどが無意識と自明性のなかに浸かっているのに対して、仮説は、意識的に構成される部分が大きいという違いが、少なくともあるように思われる。

「事柄にふさわしい」という表現は、何か真理の対応（一致）説に従うものに見える。真理の対応説とは、真理は現実と対応するという命題の性質であるとする説である。自然科学では、仮説演繹法の理屈によれば、仮説は検証されれば、自然の構造や性質を正確に反映する正しい理論として承認される。

しかし、ある先入見が事柄と一致しているかどうかを知るには、両者を対等な観点から比較する必要があるが、人はそのような外部的な視点に立つことはできない。人間は歴史的であり、先入見を通してしか事柄を了解できないからである。そしてまた、事柄というのも、客観的な意味ではなく、先入見を通して現れ、その真理性がその人をとらえるようなものである。

事柄にふさわしいというのは、むしろ、先入見が事柄をよく具現するといったような意味ではないかと考えられる。

ある先入見が事柄にふさわしいということになっても、一つの先入見が事柄を完全に汲み尽くすことができるわけではないので、その先入見もいつかはふたたび、疑わしいものとなり妥当性を宙づりにされる運命にある。

むしろ、そのように、たえず先入見が修正されたり取り替えられたりしていること、言い換えれば、そのような先入見から構成される現在の地平が動き続けていること自体が重要なのであり、これが了解なのである。過去は先入見の変様と交替という仕方で、現前してくるのである。過去そのものが先入見を押しのけて、その代わりに先入見があった場所を占めるのではない。

先入見が解釈者の精神を気づかれないまま占拠しているときは、われわれは先入見を通して現れる現実を真の現実と見なしている。先入見がわれわれの現実を構成している。しかし、これでは、先入見は意識されず、特定の先入見が妥当し続け、了解は始まらない。だとすると、どのようにして過去の了解と認識は始まるのであろうか。

それは、実存主義が考えたように、解釈者の決意によってなのではない。次の引用が示すように、過去が語りかけることによって、テクストが伝承されて解釈者に訴えることによってである。

「了解を導いている先判断が意識化されるのは、伝承が異なる者の意見として際立たされ承認されることによってである。先判断を先判断として際立たせるには、明らかに、その妥当性を中断する必要がある。というのも、先入見がわれわれを規定しているかぎりは、われわれはそれを判断としては考えないからである。先判断が先判断として気づかれるのはどのようにしてなのか。先判断をいわば俎上に載せることに成功するのは、先入見がつねに気づかれないまま働いている限りではなく、それがいわば**刺激されて**はじめてである。そのように刺激しうるのは、まさに、**伝承との出会い**である。すでに述べたように、了解が始まる最初の条件は、何かがわれわれに**語りかける**ということである。これは、あらゆる解釈学的条件のなかで最高のものである」（ゴシック引用者 WM: 282f.)

過去が語りかけて先入見を刺激して、了解が始まる。過去と現在がまったく同質的だとすれば、言い換えれば、伝承されたテクストの語りかける内容が、解釈者の期待の地平にすっぽり収まるなら、このようなことは起こらない。同じ伝統に属しながら、同じ民族でありながら、過去が現在と異質だからこそ、解釈者の先入見が妥当しないからこそ、過去の了解は起きる。異なるものであることによってこそ、先入見は変様と交替を強いられる。同質性というよりは異質性が了解の条件なのである。

その先入見は現在を構成するとともに、過去に由来するので、先入見はその出所である過去から疑問に付され変容することになる。この意味では、了解されるべき過去は単純に異質なのではなく、同時に同質的なのである。

歴史的に有限な存在者は、自分が生きる時代の考えを自明だと思い、どこかで絶対視している。しかし、実際には、歴史的に限られた考えにすぎず、その一面性が露呈して、誤りだとして退けられる可能性を、つねにはらんでいる。

だから、人間はしばしば、他の時代の考え方や意見に出会うことにより、それまでもっていた先意見を捨てて、別の考えを受け容れるように強いられるのである。他の時代や異なる時代の考えや意見が、真実をもって迫ってくることがある。ガダマーはこれを真理請求（Wahrheitsanspruch）と呼んだ。

二つの認識モデル

先入見に対する啓蒙主義的な先入見はとても根強いものがあり、「先入見が了解に積極的な役割を果たすのだ」、「正しい先入見も存在するのだ」、というガダマーの主張はなかなか理解されない。

青木保という人類学者は「異文化の理解」という、自著『文化の翻訳』(28)（一九七八年）のために書き下ろした論文のなかで、フィールドワークのもつ解釈学的な問題を扱っているのだが、この論文は日本でも、ガダマーについてもっとも早く論じた文献の一つであり、しかも、解釈学を文化人類学に適用する試みに関わっている。

しかしながら、この論文は同時に、ガダマー的な先入見概念がいかに受け容れられるのが難しいかも示している。青木によると、人類学者は、フィールドワークやその準備作業に先立って、対象とする異文化についての認識を、自文化のなかですでに与えられている。これが「前理解」であり、これを具体化するものが「偏見」であるという。

マリノフスキーは、宣教師たちの報告だけで異文化を研究する安楽椅子の人類学者を批判して、現地に入って住民の目で観察し彼らの文化を記述することの重要性を説いた。フィールドワークによる参与観察の重要性が説かれたのである。しかし、そののち文化人類学では、現地人の眼で観察するという参与観察の要求が非現実的なものであること、そして、人類学者と異文化との関係が、自然科学者と彼が顕微鏡で観察する試料との関係のようなものではありえないことが認識されるようになる。

現地では人類学者は観察の主体であると同時に、「人々の凝視」の対象でもある。人類学者が「いる」ということ自体が住民に影響を与えるのであり、研究者も含む社会関係を新たに生じさせる[29]。「研究者が自己が属する歴史から逃れて、その外部に、没文化的な真空地帯のなかで、他の文化に生起した出来事の意味を捉えることは不可能[30]」なのである。実際には、人類学者は自文化を現地に持ち込まざるをえない。そこでカルチャーショックを受けて、自分と自文化を見つめ直すように強いられる。

異文化の理解は、社会関係と自己了解に起きるこのような変動の一部として生起すると言うべきなのだが、残念なことに、青木保は人類学的な認識をあくまで、その外に置いてしまった。異文化理解は最後には、文化性や歴史性を超えなければならないということに、彼は固執していた。だから、最終的には、彼において、「前理解」も「偏見」も排除の対象であり、否定的な意味しかもたない。偏見は「事物の真実を理解する上での最大の敵」であり、「取り除かなければならない」もの、「追放」の対象である。

先入見に対する先入見はとても根強いが、この先入見を打破するために、ここで、二つの異なる認識モデルを考えたい。

先入見が歴史認識に積極的な役割を果たすというガダマーの主張は、大抵の人にとって逆説的に聞こえる。先入見はむしろ、認識を妨害するものではないか。しかし、これはわれわれが、ある認識モデルに暗に従っているからである。その認識モデルとは、一言で言えば、「障害物の除去」である。われわれの前には「衝《つ》い立て」があるとしよう。これをどければ、その背後に置かれた物体そのものを見ることができる。この場合、衝い立ては先入見を、物体は対象ないし事柄を表している。先入見は対象の認識を阻害しているので、これを除去しなければならない。

このモデルに固執しているかぎり、先入見は排除すべき否定的な現象であり続ける。

しかし、これとは別の認識モデルを考えてみよう。さきほどのモデルが衝い立てモデルだとすれば、それは媒体モデルと言うべきものである。

音は物体ではなく、物の振動である。音は空気を伝わってわれわれの耳に聞こえるようになる。空気は音の媒体である。

ところで、たとえば、美しい音楽がどこからか聞こえてきたとしよう。残念なことに、かすかではっきりと聴きとれない。それで、音源と思われるものと自分とのあいだにある障害物をできるだけ取り除こうとする。いろいろ障害物を取り除いたが、まだはっきりと聞き取れない。そこで、最後に残った障害物である空気を取り除いたらどうか。その音楽はまったく聞こえてこなくなってしまった。だが、これは当然である。空気は音を運ぶ媒体だからである。

過去から伝承されたテクストの声と現在を構成している先入見との関係は、ちょうど音と媒体、音楽と空気のこの関係に等しい。テクストの声は先入見や伝統、文化といった媒体を通じてわれわれのところに届くのである。ガダマーの表現を用いれば、テクストの言葉は「解釈者を支配している判断（※先入見）の光の中に示されるもの」（※は引用者の補足 WM: 343）である。あるいは、

「われわれは……われわれをとらえているもの（※先入見）を通して、新しいもの、異なるもの、真なるものに開かれている」（※は引用者の補足 GW2: 224f.）

したがって、もしこの媒体である先入見を除去してしまうならば、われわれはもはやテクストの声を聞くことはできなくなってしまうのである。

先入見は過去の声をさえぎる障害物ではなく、過去の声を伝える媒体なのである。

4　現在の地平しかないのに地平融合とは何を意味するのか？

地平融合（Horizontverschmelzung）という概念は、ガダマー解釈学の代表的な概念のように使われることがある。現在のところ日本人によって書かれた唯一のガダマー入門書である丸山高司の『ガダマー』の副題は地平の融合であった。

地平融合は、たしかに、ガダマーの基本的で重要な概念であることには間違いがない。しかし、この概念が何か一人歩きしてしまって、これが彼の解釈学の理解を歪めてしまっていないかどうか、調べてみる必要がある。この概念は非常に微妙なものを含んでおり、その理解や使用には注意が必要である。

まず、「地平融合」と言うときの「地平」とは何か。それは「ある位置から見えるものすべてをとりまいている視野」（WM: 286）である。パースペクティブと言ってもいいだろう。見るとき、われわれはかならず、ある視点から見ている。どこでもないところから見ることはできない。

ある位置から見えているものは、他の位置から見えてないかもしれない。だから、自身の地平からは見えていないものが、たくさんあるに違いない。

視覚に限らず、人間の認識は地平的である。地平性は人間の認識の歴史的・社会的な有限性を表している。どんなに客観的で公平な認識であっても、認識する者の文化的・社会的・時代的な背景に方向づけられている。過去のある時代の学問的な了解も、歴史家が属す現在という時代と文化からの了解であり、無私・無前提ではありえない。

地平はこのように認識を制限するものであるが、地平概念を否定的にのみ理解すべきではない。第一に、視点があるからこそ、視点から近いところと遠いところがある。地平をもつ者は、近くにあるものを越えて、遠くを見ることができる。地平をもつ者だけがものを遠近に応じて評価できる（WM: 286）。つまり、歴史的に有限な存在だけが、物事の軽重を判断できる、自分にとって有意義で重要なものをつまらないものから区別できる。逆にもし、すべてを等距離に無私公平に見られる超歴史的な存在者がいるとすれば、その者にはこうした評価は不可能だということでもある。

第二に、地平は固定したものではなく、動いたり拡げられたりするということである（WM: 288）。私が歩くとき、遠かったものが近づき、近かったものが遠ざかっていく。その際、それまでと異なる光景が開けることもある。こちらのほうで動かなくても、人々が集まってきたり山林が切り拓かれたりして、風景が変わることがある。

精神的な意味でも、本を読んだり他人の話を聞いたりして、新しい視点からものを見ることを教わることができる。外国語の学習や外国での生活は、人の視野を広げる。その際、古い地平は完全に失われないので、地平は新しいものにとって替わったというよりは、古い地平が拡張されたのである。

ところで、現代に生きている歴史家や一般の人々は現在の地平を持っているが、歴史家が考察する過去の時代に生きた人々も、自分たちの地平をもっていたと想定できる。過去の人々は、現在の地平からものを見ていたのではもちろんなくて、自分たちの地平、その時代の地平においてものを見ていた。現在の人々にとって遠いもの、異質なものであっても、当時の人々にとっては近いもの、親密で自明なものなのかもしれない。

よく「相手の立場に立ってみなさい」と言われる。これを「地平」概念を使って言えば、「相手の地平に立ちなさい」ということになる。歴史意識も同様に、現在の地平から抜け出て、過去の地平に立って過去を観察すべきことを要求する。相手は相手の視点から、つまり、相手の基準や利害関心からものを見ていて、自分には、相手がどう見ているのかは、なかなかわからない。相手の視点からはこう見えるだろうと想像することはできるが、実際にその通りかどうかはわからない。個人について言えることは、時代についても言える。

そうだとすると、地平には、現在のものと過去のものがある。地平融合とは、文字通りにとれば、このような地平が融合して一つになることである。

ところが、ガダマーは実際には、そう単純には考えていないのである。地平融合という概念は、融合する前に、異なる二つの地平がそれぞれ独立に在ることを予想させる。この概念の誤解を招きやすいところである。

地平融合は、独立に存在するこの二つの地平をまず解明したあとに起きるのであろうか。しかし、現代の地平は、その地平のなかでものを見ている人には、客観的に、距離をおいて考察することが難しい。現代の人々は、過去の人々はこのように見ていたと推測することはできるが、それはあくまで現在の地平からの判断である。

ガダマーによると、現在の地平と過去の地平は、それぞれ「単独で存在していると**誤って**思われている」（ゴシック引用者）。実際に存在するのは、現在の地平だけである。この現在の地平が地平の外部から地平のなかへ入り込んでくる過去の影響で、たえず変動している。現在の地平が、自らを超える異質な外部を同化して拡張され続けている。

人間は自分の視点から自由になることはできないとしても、その視点は固定したものではない。すでに述べたように、視点（パースペクティブ）は人が歩くに従って動いていくものであり、このなかで遠かったものが近いものになる。現在の解釈学的地平も同様で、過去を同化しながら変容し続けている。

もし、現在の地平だけがあるのだとしたら、なぜガダマーはあたかも最初に二つの地平があるかのように、地平融合などと言うのであろうか。なぜ過去の地平と言うのであろうか。ガダマーはその理由を、次のように述べている。

「このような互いに他から区別される二つの地平がまったく存在しないのだとしたら、われわれはなぜ地平融合について語り、その境界を伝承の深みへと押し戻していく一つの地平の形成について語らないのであろうか。この問いをたてることは、すなわち、**了解が学的な課題になっている状況の特殊性**を自ら認めることであり、また、この状況を解釈学的な状況としてともかくも仕上げることが重要であること、である。歴史意識によって遂行される、伝承とのどんな出会いも、それ自身において、**テクストと現在との緊張関係**を経験する。解釈学の課題は、この緊張を素朴な同化のうちで覆い隠さず、意識的に展開することである」(ゴシック引用者 WM: 290)

「了解が学的な課題になっている状況の特殊性」とは、われわれは歴史意識成立後の世界に生きているということである。歴史意識の成立がなかったら、歴史諸科学の発生もなかったであろう。歴史意識成立後の世界では了解は**学的な**課題である。

「緊張関係」と言われているのは、歴史意識が現在と過去との隔たりの意識だからである。歴史意識にとって、過去は現在とは異質な独自な世界なので、現在の基準や概念からではなく、過去それ自身から理解されるべきものである。言い換えれば、歴史意識にとって、過去は過去の地平から了解されなければならないのである。

歴史意識は過去を現在の概念や先入見からではなく、過去それ自身から理解すること、現在の地平から抜け出て過去の地平に身を置き移すこと、を要求するが、もちろん、この要求はストレートには満たせない。というのも、人間存在は歴史的に有限で、自分が生きている時代を飛び出して、他の時代に入り込むということはできないからである。

われわれは歴史的に有限なので、過去を理解しようとするときに、現在を脱ぎ捨てることができず、現在を携えて過去に向かおうとする。たしかに、歴史意識成立後のわれわれは、過去を過去の地平から再構成しようとするし、その努力は正当であり、それどころか要請されている。だから、ガダマーは、「自身の意味期待への過去の性急な同化を阻止することが、絶えざる課題である」(WM: 289) と述べる。過去の地平それ自体を獲得することはできないが、獲得しようという努力は惜しんではならない。そうでなければ、歴史意識成立後の学問的要求を満たせない。

こうしてある仕方で再構成された過去の地平のなかに歴史家は立とうとするが、しかし、実際には、歴史家を含めて歴史的な存在であるわれわれは、現在の地平を携えたままで行かざるをえないので、ここでは、地平融合と呼べるようなことが起きるのである。

歴史的地平の再構成を試みることは、歴史的世界が支配する現代では、どうしても必要な了解の一段階なのであるが、それはやはり一段階にすぎず（WM: 290）、最終的には、再構成された歴史的地平は現在の地平へと統合される。

歴史意識成立後に歴史認識は地平融合として起きるようになったのだとしたら、では、歴史意識成立以前はどうだったのであろうか。ガダマーによると、歴史意識成立以前には、既述の通り、一つの伝統が支配し、古いものと新しいもの、過去と現在が互いに際立たされることなく繰り返し融合していた。この融合は素朴な伝統同化、言い伝えること（Weitersage）である。それは、現在に過去を媒介することではあるが、「地平融合として記述することはできない」のである。

「そのような融合が起きていることは、とりわけ古い時代やその由来に対する素朴な態度から知られていた。伝統が支配しているところでは、たえず、そのような融合が起きている。というのも、そこでは、古いものと新しいものが繰り返し一体化して、生き生きと効力を発揮する。ただし、その際、どちらかが互いにはっきりと際立たされることなく[31]」（WM: 289f.）

歴史意識成立後の世界では、過去は現在に媒介され同化されるが、しかし、この媒介は自発的ではなく、地平の融合として、意識的に制御されて起きる（WM: 290）。

ガダマーにとって歴史意識は基本的には、克服と批判の対象であるが、では、彼が全面的に歴史意識を否定したかというと、そういうわけではない。歴史意識が支配していて、われわれが過去との素朴な連続性のなかではもはや生きていない現代の状況を、彼も無視できなかった。

「解釈学は、了解しようとする者が、伝承によって話題にのぼる事柄に結びつけられていること、伝統とつながっていること、あるいは伝統とのつながりを獲得すること、を前提としている。他方で、解釈する者はその事柄に、（伝統が断絶なしに生き続けていた時代にあてはまったような）疑いがない自明な一致という仕方で結びつけられているのでないことも、知っている」（WM: 279）

この、疎遠さと親密さ、対象性と帰属性のあいだが、解釈学の場所であるという。解釈学のこの場所は、歴史意識が成立してはじめて与えられたのである。

ガダマーにおいて、歴史意識は否定はされていないが、相対化されたことはたしかである。それは排除されたのではなく、了解過程の一段階として組み込まれた。歴史的地平の再構成は、了解の全体ではなく、了解の一部として相対化され、媒介としての了解に組み込まれた。その際、歴史意識はそれ自身の主張する通りの姿においてではなく、解釈し直されその主張が緩和された形で、ガダマーに受け容れられたのである。

「したがって、われわれは、歴史意識を、根本的に新しい何かとして――最初はそのように見えた――ではなく、過去との人間の関係を以前から形づくっていたものの内部における新しい契機と考えたほうがよい」（WM: 267）

われわれは過去から分断されているわけではないが、しかし、過去との関係は、このように相対化された歴史意識のために緊張関係にある。だから、解釈学は、この緊張関係を「性急な同化」（WM: 289）または「素朴な同化」（WM: 290）によって解消してしまうことに対しては、むしろ、警戒しなければならないのである。

以上のように、地平融合というガダマーの概念は、現代における歴史意識の継続支配という状況を考慮した、特別なものであることがわかる。地平融合という概念が、現在と過去の二つの地平があり、それらをまず確定したうえで、つぎにそれが了解の過程で融合するのだと思わせるなら、それは誤りである。

歴史家は過去の地平を再構成しようとするが、その再構成は、歴史家の歴史性のゆえに完遂不可能である。たしかに、歴史意識が要求するような学的水準を守るためにも、過去を性急に同化してしまうことなしに、過去の地平を再構成しようと、努力しつづけなければならない。しかし、歴史家は、どんな学的手法を用いても自らの歴史性を否定できず、その再構成に際して自らの地平を介在させざるをえない。

再構成された過去の地平は、実際には、再構成されたそばから、現在の地平に関係づけられていく。現在の地平は過去の地平を同化することにより、拡張され、より高い普遍性を獲得する。解釈者は過去を了解することにより、新しい、より普遍的な視点から物事を見ることができるようになる。歴史を了解することにより、これまで自明視されていた、現在の地平を構成する諸前提を、相対化して見ることができるようになる。

現在の地平は失われるのではなく拡張されるのであるが、了解する前にあった通りの現在の地平は失われるので、失われるものが何もないというわけでなく、その拡張は単なる量的な増加ではないようなものである。

精神科学的な了解に限らず、過去の了解は過去を現在に媒介することである。「解釈学」を表すギリシア語の hermeneutike は、神々の言葉を伝えるヘルメス神に由来する。ヘルメスは神々の言葉を人間に媒介する。理解はこのように、理解すべきものを理解する者に橋渡しすることなのである。過去の了解は、歴史的意識成立以前でも以後でも、過去が現在に媒介される出来事、この出来事に参入することである。

「了解はそれ自身、主観性の行為としてではなく、過去と現在がたえず互いに他に媒介されている伝承の出来事（Überlieferungsgeschehen）への参入として考えられるべきである」（WM: 293）

これを融合の出来事と呼んでも構わないが、それは地平融合の融合と安易に同一視しないほうがよい。歴史意識成立以前には、過去の理解は起きていたが、しかし、とても素朴なもので、人は自分を数世紀の前の人間と同一視することができた。歴史意識成立後には、この媒介は、成立以前のそのような素朴な同化であることはもはや許されない。

ガダマーは新しい概念を作るようなことはあまりしない哲学者であるが、しかし、「地平融合」や「影響史的意識」は、その数少ない例外である。いずれも彼の解釈学の重要で中心的な概念であることにはかわりない。

5　なぜテクストの意味は著者の意図を超えるのか？

ガダマーとの出会い

文学作品を正しく理解するには、著者の意図を捉えること――小学校以来、私自身、何度聞かされたかしれない文句である。学校の教師から繰り返し、しかもさまざまな機会に様々な言い回しで、私の頭にたたき込まれた結果、この原則は私の知識の基層を構成するにいたった。国語の教科書や試験でも、しばしば著者の意図が尋ねられていた。

たしかに、文学理論や思想の分野では、一九三〇年代にすでに英語圏で、批評の対象を、著者が読者から切り離された作品そのものに求めようとするニュークリティシズムが始まっていたし、フランスでは一九六〇年代に、構造主義のR・バルトが、作者の死を宣言していた[32]。ロマン主義と歴史主義は、したがってまた、著者の意図（mens auctoris）という理念は、二〇世紀中葉には、すでに葬り去られようとしていた概念であったかもしれない。

ニュークリティシズムでは、T・S・エリオットが詩を、詩人の生《なま》の個性や、実生活でいだいた個人的な情緒の表現ではなく、それらを材料としながらも、それらを集中させて昇華させた非日常的な経験であると見なした。(33) ウィムサットらは、テクストの意味を著者の意図と混同する考えを、意図の誤謬（intentional fallacy）と呼んで批判した。彼らによると、著者の意図はたいていはわからないし、テクストの意味と別のものである、だから、詩人の意図を解明できても、詩を正しく評価できるわけではない。

作者の死というのは、バルトが、作品の説明を著者の側に求める考えに対して出した、決別の宣言である。作者という概念は近代の産物である。バルトによると、作者は自己を表現しているのではなく、せいぜい既存のエクリチュール（文字言語）を組み合わせているにすぎない。エクリチュールは自律的な言語活動であり、主体には差し戻されない。

しかし、日本の学校教育や、個々の文学者・文学作品の実証的な研究、文学研究作家・思想家たちの全集の校訂作業などでは、まだまだ、〈著者の意図〉の理念は有効であった。

新しい文芸批評論や構造主義を知らなかった私にとっては、〈著者の意図〉という理念は、理論とか主張とかいったものではなく、テクスト理解のほとんど自明の前提、いわば空気のようなものとなっていた。ガダマーやリクールの著述との出会いは、この前提の崩壊という経験として、起きたのである。そのような「自明の真理」に異を唱える者がいるとは思いもよらなかった。

リクールは、テクストの意味は著者の意図から自律しており、テクストにおいて理解すべきは、テクストの背後の著者ではなく、テクストの前に展開するテクスト世界であると主張した。同様にして、ガダマーは、次の引用のように、テクストは著者の生の表現としてではなく、その内容が理解されるべきだと言う。

「テクストは生の表現としてではなく、それが述べていることにおいて理解されることを欲している」（WM: 370）

「テクストは著者の主観性の生表現として理解されることを欲しない。したがって、テクストの意味をそこから限界づけることはできない」（WM: 372）

「むしろわれわれが固執したいのは、伝承の了解は伝承されたテクストを〈あなた〉の生の表現としてではなく、意図する者たちとの、〈わたし〉と〈あなた〉との結びつきから切り離された意味内容として了解するということである」（WM: 340）

「（文学に）言われていることの意味（この意味として、われわれがそれを了解する）は、われわれが伝承から著者を思い描けるかどうか、伝承を資料として歴史学的に解釈することが、われわれの関心事なのかどうか、ということから独立して、そこにある」（WM: 369）

テクスト理解の目標を著者ではなくテクストの内容に求めるガダマーやリクールのこうした考えを読んだとき、それが、実証主義の厳格な要求にとらわれずに文学作品を生産的に（より価値ある文学作品として）解釈する解釈者の自由と創造性を保証してくれる、すばらしいものに私には見えた。古代のある詩について、当時の社会的文化的背景から、これこれの意味だと説明されても、それがかえって、現代人にとってその歌をつまらないものにしてしまう場合があると感じていたからである。

だが、一方で、なぜテクストの理解において著者の意図を捉えることが重要ではないのか、ということが、しばらくのあいだ、わからなかった。のちに、その根拠がガダマーにおいては、歴史性にあることがわかる。だが、今度は解釈者というよりは、著者の歴史性である。

テクストの意味はなぜ著者の意図を超えるのか

そもそも、著者の意図をとらえることは可能なのか。

古い時代の著者の場合、実際には、タイムマシンでその時代にいくことができるわけではない。著者の精神と一体化するとかいったロマン主義的な要請は、解釈者の歴史性を考えれば、満たすことが不可能である。

意図するというのは一種の出来事であるが、内的で心的な出来事であり、直接観察することが不可能なものである。だから、かりに著者が生きた時代にタイムマシンで行くことができても、著者の意図を直接とらえることができるわけではない。表情だとか日記だとか、講演その他での本人の証言だとかいったものから、推論しなければならない。同時代の作家でも、意図がわかるわけではないのと同様である。

その他の点でも著者の意図という概念は疑わしい。

『平家物語』のように、作者がわからなかったり定説がなかったりする文学作品もある。著者が不明でも、著者はいたであろうから、著者の意図もあったにはちがいない。しかし、文学作品の理解に著者の意図が不可欠ならば、作者不明というのは、その作品を正しく解釈するうえでとても不利な条件であるにちがいない。しかし、著者が不明だから『平家物語』が読めないとか、文学作品として価値がない、ということになるわけではないであろう。

文学作品の創作は、意識的・計画的ではなく、ある種の狂気のなかで無意識的に行われるという考えもある。そうだとすれば、作者自身、最初から意図をもたないか、自らの意図を知らない。作家が講演で、この小説はこれこれの意図で書いたと言っても、それ自身が、狂気のなかの自らの意図を、冷静になったあとに、事後的に再構成したものかもしれず、信用してよいのかどうか、わからない。

なるほど、ガダマーは、著者の意味の探究が行われること自体は、認めている。

それどころか、彼は「(『真理と方法』における）私の意図」（WM: XVI)、「カントの超越論的意図」（WM: 41)、「ディルタイの立場を、フッサールの現象学やハイデガーの基礎的存在論の哲学的傾向と対決させようというミッシュの意図」（WM: 206）などと、自分を含めた著者の意図を引き合いに出して、自らの論述を構築している。しかし、この「意図」の用法はたぶんに修辞的なものであろう。

実際には、ガダマーは、了解される主な対象をテクストの事柄（Sache)、つまり、その内容に求め、著者の意図の把握は「別の課題」（WM: 354)、副次的・二次的な課題だとしている。[34]「了解の課題はまずもってテクストそのものの意味に向けられている」（WM: 354)

著者の意図を推測させる史料が十分に残されていて、それを利用して、著者の意図そのものを客観的に再構成することを目指したところで、その際に、解釈する者は歴史的な存在としての自分自身を、したがってまた、自分自身が属す現在を、そこに関わらせざるをえない。そのかぎりでは、歴史主義者が目指すような著者の意図〈そのもの〉の再構成は、そもそも不可能なのである。

もし、意味が基本的に意図に従属したままで、それを超えることがないのだとすれば、著者の意図の把握にそれほど困難はないであろう。意味は伝承されたテクストとともに、後世の解釈者に伝わっているので、意味から意図を遡って推測すればよいのである。

しかし、テクストの意味と著者の意図とは、無関係のはずはないとしても、同一物ではないであろう。むしろ、テクストの意味は著者の意図を超えるのではないのか。テクストは著者の意図どおりに書かれているであろうか。テクストの意味が意図を超えるものだとすれば、意味から意図を再構成することはできないか、できてもあまり意味がないのではないのか。

意図の実現

まず、テクストを書くことは行為の一種なので、意味と意図の関係のまえに、行為と意図の関係について考えよう。

行為は行為者の意図の実現だと見なされている。ある人が、今話している相手の顔がよく見えるように、あるいは、テーブルから落ちないように、テーブルに置かれている置き物の位置をずらそうと思い（意図）、そして、実際に筋肉を動かしてそうする（行為）ならば、あるいは他人に命じてそうさせるならば、彼の意図は実現されたのである。

それは置物が地震などで動いたというような単なる物理的な運動と違い、意図を反映し、それゆえに、コミュニケーションの障害となるものを取り除き、話相手の顔を見られるようにするという意味の動作であり、そのようなものとして、相手や第三者からも理解される。

もちろん、他の外的・偶然的な要因が働いて、意図が実現されないことがある。置物が重すぎて動かせない場合だとか、命じられた者が他のことに忙殺されていた場合などである。しかし、それは意図の実現に失敗したということであり、偶然的で不完全で、本来的ではない場合である。

今度は、行為ではなく、行為の結果として出来る物との関係を考えよう。ある人が必要なときに水を使えるように、地面に穴を掘ってため池を作ったとしよう。これによって、雨が少ないときにそのため池の水は耕作や生活に利用できる。出来たため池はその人の意図の実現である。ただし、それは行為ではなく、行為の結果としての産物なので、持続性がある。

もちろん、ため池を作った場所の土質が水分を通しやすく、意図に反して、溜めた水が周囲の土砂に吸収されて、すぐになくなってしまうとすれば、それは意図の実現に失敗したのである。しかし、これはあらかじめ、地質を調べて、ため池を作る場所の選定を慎重にすることにより、回避できる。

施設や道具ではなく、作品の場合はどうであろうか。作品には、道具などと違い、内容というか、それ自身の世界がある。ある感情または、態度、理念などをある姿態や表情で示す人物の石像は、それらを表現・客観化しようとして、その意図を実現したものと言うべきであろう。

石像では、石が組成的に不均質で質が悪く、思った形にならないときがあり、そのときは、意図の実現や表現に失敗する。しかし、とくにそういうことがなければ、石像はその人の表現意図や内面を実現したもの、彼の精神が客観化されたものであり、他人から観察される物体性と他人から理解される意味をもつ。材料となった石は自然物であるが、今やそれは人為物である。

テクストは言語であり、石像のような造形芸術の作品が、色形で感性的に人間の精神を表現するのとはまた違う仕方で、人間の精神を表現できる。つまり、それ自身ですでに意味をもつ語を組み合わせて、複雑な内面的過程を表現できる。

自然物とか自然現象は生成したり生起したりしたもので、そこに人間の意図は働いていない。たとえば、風雨や地震による落石は自然現象である。これに対して、人為物や行為は意図の実現であり、内面（思考や感情、意志など）の表現である。たとえば、細工をして意図的に落石を起こせば、それは自然現象ではなく、行為であり、そこには、たとえば、他人に怪我を負わせようという意図（悪意）がある。

行為や芸術作品、テクストは、誰かが創ったのであり、そこには作成者（行為者）が意図したことが意味として、込められているにちがいない。意図そのものは内面的・主観的なもので、著者が意図した瞬間にしか存在しないかもしれないが、著者が意図した意味は、理念性と客観性と持続性をもっていて、他の多くの者にも理解されうる。

テクストの場合、意味が、文字によってテクストに固定され保存される。意図は消失し意味は持続して後代に伝えられる。テクストは伝承されて、後代の読者に読まれ了解される。読者はテクストから、著者が意図した意味を取り出し、そこから今度は、意図に遡及して、著者の意図を捉える。意味は意図された意味、「著者が特定の記号列を使って意図したこと」[35]（ハーシュ）であり、意図の客観的な側面である。意味は意図の代理にすぎず、意味は実質上、意図に従属したままである。だから、著者が遠い時代に生きていたのだとしても、伝承されたテクストの意味から著者の意図を再現できるはずである。

意図を超える意味

以上のような考察は、行為や人為物を行為者ないしは作成者の意図から記述している。だが、これは公平なとらえ方であろうか。人間存在を歴史的だと見なすガダマーは、そのようには考えないであろう。

ある個人の一つの行為にはとても多くの要因が関与している――行為者の動機や意図だけでなく、行為者の身体的な能力や制約、その個人が生きる時代・社会の習慣、倫理的規範、歴史的な範型、役割期待、支配的な価値観、経済的・社会的な状況、他の行為者の動作・発言・反応、行為が働きかける対象の性質や構造、等々。

しかも、これらの諸要因は、行為者が自由にコントロールできるものとは限らず、また意識されないものもある。これらが一緒に作用して、行為が起きる。だとすれば、行為は行為者の意図の実現というよりは、行為者に降りかかる出来事と言うべきではないのか。

もし行為という出来事を、それに参加した行為者個人の意図からだけ記述するとすれば、それはあまりに一面的である。行為者の意図・計画は、行為という出来事を構成するたくさんの諸要因のなかの、主要かもしれないが、しかし、一つにすぎない。

そうだとすれば、意図の失敗が例外的なのではなく、むしろ、意図のストレートな実現は、たとえば、物を書こうとして机の上のペンを取る、といったような小規模な日常的な行為にしか当てはまらないのではないのか。意図が実現されたように見える場合にも、実現の過程で、さまざまな要因が考慮されたり働いたりして、修正を余儀なくされる。

行為は他のものに作用し、作用されたものがさらに別のものに作用する。行為の波及的な効果や影響にも、それはそれで、別の多くの要因が働いている。行為者は、とてもこうした間接的な影響までは、予測したりコントロールしたりすることはできない。

個々の小規模な行為について例外的と思われていた意図の実現の失敗は、不慣れな行為や、多くの人が関わる制度や組織の設立や変更では、むしろ、普通のことである。たとえば、ある法律が発効して、その後、法律の起草者の意図を超えた効果や意味を持つようになる。たとえば、ある人が設立した会社や宗教団体のような組織は、時間が経過して大きくなると変質し、創設者のコントロールから離れていき、ときには、創設者が組織から追放されるということも起きる。

さらに大きなレベルではどうか。歴史は、個人の計画や意図、予想に反して進行する。望むと望まざるとを問わず、歴史はある方向にとめどもなく進んでしまうことがある。たとえば、そんな馬鹿なことをするはずはないと思っていたのに、自国が強国との戦争に突入してしまう。このことは社会が安定しているときにはあまり意識されないが、特に社会が変動期を迎えると、われわれはこのことを強烈に感じるようになる。

ガダマーは、行為を出来事としては記述しているわけではないが、今述べたようなことは、彼の考えに基づく。彼はやはり人間存在の歴史性の立場から、人間の意図や計画のはかなさを説き、このことを、トルストイの『戦争と平和』によって例示している（WM: 353）。

ロシア軍の将軍であったクトゥーゾフは、戦略が綿密に立てられた作戦会議で居眠りをし、ただ、開戦の前夜に持ち場を巡回しただけであった。皮肉なことに、作戦に無頓着なクトゥーゾフのほうが、対ナポレオン戦争での勝利に貢献したのである。歴史がたいていは行為者の予想や意図、計画と無関係に進行することは、人間の策略や意図がいかにか弱くはかないものであるかを示している。戦争の経緯は、作戦会議での綿密な計画を圧倒する現実なのである。

芸術作品やテクストは、歴史の流れや大きな組織に比べると、はるかに作り手のコントロールの下におかれているように見えるが、次の引用に示されているように、ガダマーはテクストとその著者の関係を、歴史と行為者の関係とパラレルに考えた。

「歴史の出来事が一般に、歴史のなかに立ち歴史のなかで行為する者の主観的な表象との一致を示さないように、テクストの意味の傾向もまた、一般に、その作者が考えていたことをはるかに超えたところまで届く(36)」（WM: 354）

人間は自らが作ったテクストや芸術作品の意味をコントロールできない。意味は意図を超えるのである。

「単に時たまではなく、つねにテクストの意味は著者を超える」[37]（WM: 280）

リクールは、意味が意図を超えることを、ハーシュにならい「テクストの意味論的自律」と呼び、次のように説明した。——発話の出来事は他者への伝達において、意味という、共有された理念的なものに乗り越えられる。次に、発話が文字に記されテクストになるとき、この意味が埋め込まれる。意味を載せたテクストは、その物質的な持続性のために、著者が生きた時代を超えて、後世の読者や解釈者に伝わり、テクスト世界を開く。

この説明だと、テクストの意味が自律するのは、文字の物質的持続性によってである。文字の持続性が著者の人生よりも長いために、テクストが著者の死後も存続し、意味論的自律は起きる。リクールは行為の自律も、テクストと類比的に考えている。言説が文字に記されるように、行為は社会的な時間に刻印されることにより、行為者の手を離れる[38]。

だが、ガダマーの考えは異なる。彼によると、意味論的自律は、テクストの物質性によるのではなく、人間存在の歴史性による。

〈最初は作り手は意味を支配下に置いているが、時間が経過して作り手や同時代の受け手の世代が死んでから、テクストの意味が著者の管理を離れて、意図から一人歩きする〉というのではない。ガダマーでは、最初から、言語の意味は話し手の意図から自律している。

ガダマーにとって、言語は人間が意思を表現し伝達するために自由に用いる道具ではない。ハイデガーが言うように、人間が言語を通して話すのではなく、言語が話し、人間はそれに応ずるだけである。そして、言語の本来のあり方である対話は、対話者たちが「行う」というよりは、「思いがけず入り込む（geraten）」ものである。

対話でのある発言は､対話で扱われているそのテーマ（事柄）のある側面を切り開くことによって、それを受けつぐような、その展開のさらなる発展となるような発言を、対話相手に促す。「売り言葉に買い言葉」という言い回しが日本語にあるが、これは多少とも事態を言い当てているかもしれない。対話者のあいだでのこのような発言のピンポンは、事柄それ自身の展開によって促される一種の自律的な運動であって、これが対話者たちを、彼らが予測しなかった帰結へと、導いていくというのである（WM: 361）。

ガダマーはこのように理解された対話をモデルに、テクスト解釈を考えた。過去の理解は過去との対話であり、テクスト了解はテクストとの対話である。たしかに、対話相手は自ら話すのに、テクストは、人間の産物であっても人間そのものではないから、それ自身から話すことはない、と言われるかもしれない。

しかし、ガダマーはテクスト（伝承）は語りかける（ansprechen）という言い方をしばしばする。この類比モデルにおいて重要なのは、対話においてもテクスト解釈においても、事柄が了解される、ということである。

テクストがそれについて語っている事柄とは、テクストの意味のことにほかならない。しかし、この意味は、ガダマーの場合、ハーシュやリクールがフッサールやフレーゲの論理学的な意味概念などを使って定義しているものとは違っている。[39] それは意図する主観に対峙する客観的なものではなく、主観性を超え対話者たちを結びつける共通のもの（WM: 366）である。

事柄は、主観を超えるものではあるが、客観的なものではない。客観的なものも主観性を超えているとは言えるが、しかし、それは、主観の働きに影響を与えず、主観から影響されずに、それ自体で存在しているということである。しかし、テクストの意味ないし事柄は、逆に、主観を制約し主体に作用し変様させるものである。その意味でそれは主観的ではない。存在論的と呼びたいところである。[40]

対話の事柄が対話者の意図を超えているように、テクストの事柄は著者の意図を超えている。ガダマーは対話を言語の本来の在り方と見なしているので、対話について彼が語ったことは言語一般に当てはまる。

ガダマーによると、言語は人間の思考・認識・経験にいわば棲みつき、これらの条件となっている。では、人間が言語のうちに閉ざされていて現実と出会えないかと言うとそうではなく、言語は現実を人間に届ける優れた媒体である。

言語、そして、そこに現前した事柄は、道具のように自由に利用したり脇にどけておくことができない、人間の主観性を超える現実である。[41] 言語一般についてこのように言えるとすれば、言語の一つの形態であるテクストにも当てはまるであろう。対話はガダマーの解釈学にとって、単なるモデル以上のものである。

たとえば、小説家や漫画家が、自分が創り出した登場人物について、「勝手に動き出す」と言うことがある。話が進み、登場人物の行動や思考のパターンが確立すると、登場人物のほうで、確立したそのような性格に自然な行動をとるように、小説家に要求する。執筆前に構想したプロットに反して、脇役が実質的に主人公になってしまったり、考えていなかった結末にいたったりする。

先に見たとおり、行為は、行為者が必ずしも意識しないさまざまな要因の相互作用として起きるので、行為者が予期できない帰結を生む。そして、その帰結が他の要因とともに、さらに別の出来事をひきおこす。テクストの意味も同様で、テクストの意味は、著者の意図だけでなく、とくに、解釈者が属す状況や歴史的経緯によっても、左右される。

「解釈者に語りかけているようなテクストの実際の意味は、まさに、著者や最初の読者が表している機会的なものには依存しない。すくなくとも、そのような機会的なものに解消されることはない。というのも、テクストの意味はいつも、**解釈者の歴史的な状況によって同時に規定され、それゆえまた、客観的な歴史的経緯の全体によっても、規定されているからである**」（ゴシック引用者 WM: 280）

引用文中の「機会的なもの（okkasionell）」というのは、ガダマーでは、ある機会に関わる、時間的に限定された、という意味である。著者や読者といった要因は、寿命をもつ人間として、ある限定された時期に生きているので、機会的である。彼らがそれぞれ属す状況や時代もまた、機会的である。これに対して、テクストやその意味は、時代を超えて伝承されるので、機会的ではない。

行為の結果がまた新しい結果を生むのと同様に、著者の書く活動はテクストという結果を生み、テクストは今度は、著者が想定していた、あるいはしていなかった読者層に、著者が予期しなかった解釈や反応を生み出す。「ローマ人への手紙」は、著者のパウロが意図することも知ることもなかった人々、たとえば、一五世紀ものちにドイツでルターによって読まれて、新教運動を惹き起こした。

テクストはそれが書かれた時代を超えて、のちの時代に伝承され、新しい解釈者と読者を獲得して、新しい解釈や異本、翻案、上演などを生み出す。このテクストは今度は、さらにのちの時代に伝承されて、新たに解釈されるが、この解釈は前の時代の解釈から制約や影響を受けている。

現代にまで伝承されてきたテクストは、伝承過程に介在するさまざまな要因によって、その意味が規定される。先の引用のなかで「歴史的経緯の全体によっても規定される」と言われているのは、そのためである。

以上のように、テクストの意味は著者の意図を超える。それは著者が歴史的に有限で、自ら作ったものの帰結をコントロールできないからである。

6　ガダマーは解釈の相対主義に陥っているのか？

前章「5　なぜテクストの意味は著者の意図を超えるのか？」で見たように、ガダマーは、テクストの解釈における了解の第一の対象を、著者の意図や創作過程にではなく、テクストの内容（事柄）に置いた。著書の意図の把握は、それが可能であっても、この意図を超える事柄の了解とは別の課題、しかも副次的な課題であった。

ガダマーは、著者の意図は、最初の読者の解釈と同様に、解釈の基準とはならない、と述べている。著者が、解釈すべきテクストとは別のところで、たとえば、日記で、そのテクストを著した際の意図なるものを明らかにしていても、その意図は、誰かがそのテクストに対して行った解釈が正しいかどうかの物差しにはならない。

「最初の読者に訴えることは、著者の意図に訴えることと同様に、とても粗野な歴史的・解釈学

的な基準を表している。テクストの意味の地平はそれらによって制限されてはならない」(WM: 375)

「たしかに、われわれが、著者が述べたことをその意味において了解しなければならないというのは、正しい。しかし、「その意味において」というのは、著者がそう意図していたようにという意味ではない。むしろそれが意味しているのは、了解は著者の主観的な意図を超えることもある、いやそれどころか、必ず、いつも超えるのである」(GW4: 15)

「テクストの意味ということで、著者の意図(mens auctoris)、つまり、その箇所を書いた聖書記者の事実的な了解地平を意味するなら、新約聖書の記者たちに、誤った栄誉を与えることになる。彼らの真の栄誉はまさに、彼ら自身の理解の地平を超える何かを告知しているということにある」(GW3: 207)

だが、著者の意図の把握をあきらめてしまったら、テクスト解釈の基準が無くなり、解釈の相対主義に陥ってしまうのではないかと危惧《きぐ》する者がいるかもしれない。著者の意図という理念は、テクスト解釈の目標としてだけでなく、基準としても機能してきたからである。

基準がなければ、その解釈が正しいかどうか、他より適切かどうかを測ることが不可能になってしまう。どんな解釈も許容され、どう解釈するかは解釈する人の勝手ということになり、恣意的な解釈がなされても、それを退けることが不可能になる。解釈の無政府主義がはびこってしまう。

Ｅ・Ｄ・ハーシュは、『解釈における妥当性』（一九六七年）において、解釈の対象と基準をもはや著者の意図には求めないニュークリティシズムやガダマーの解釈学を批判している。これらの新しい解釈学が影響力をふるった結果、恣意的な批評を許す懐疑主義がまん延していると、ハーシュは告発し、解釈の妥当性を測る基準として、著者の意図という概念を復権しようとした。(42)

ただし、ハーシュはロマン主義的・歴史主義的な解釈学に単純に舞い戻ったわけではない。彼はフッサールなどを参照して、(43)意図そのものと区別された客観的な意味概念を導入することにより、心理学主義を回避している。理解されるべきは、著者が意図した言語的な意味、著者が記号列によって言おうとしたことである。(44)

ガダマーは著者の意図を、テクスト解釈の目標としても基準としても認めていない。では、解釈のどんな基準も認めないのであろうか。著者の意図以外に何か解釈の基準となるものを、彼は考えているのであろうか。それとも、ハーシュなどが批判するように、彼は解釈の相対主義に陥っているのであろうか。

常に新しい了解

ガダマーは、同じテクストは常に新たに了解され解釈される、と主張する。この主張によって、彼は、テクストを正しく理解することは困難だと言おうとしているのでも、ハーシュのように、テクストの意味を理解したあとで行われる批評活動の自由と多様性を言おうとしているのでもない。「テクストはその都度別様に理解されてはじめて、理解される」（WM: 292）のである。

ここから、テクストに唯一正しい了解や解釈があるという考え方に対する批判が出てくる。唯一正しい解釈という考え方は、ガダマー哲学の基本テーゼである人間存在の歴史性に反する。人間存在が歴史的であれば、その存在様式である了解もまた、歴史的である。了解の歴史性とは、さしあたっては、同じテクストがそのつど新たに理解されるということを意味する。

「精神科学において行使されている了解は、本質的に歴史的な了解である、すなわち、ここでもまた、テクストはそのつど異なって了解されるときにこそ、了解される」（WM: 292）

唯一正しい了解があるとすれば、その了解を達成したあかつきには、われわれは、その正しい解釈を知ればよく、もはやテクストを必要としないということになってしまう。テクストの了解や解釈が、解釈されるテクストを脇に押しのけて中心に出てくるということは、ガダマーには、たぶん、本末転倒だと思われたのである。

「正しい解釈〈そのもの〉というのは存在しえない。というのも、まさに、テクストそのものが問題だからである」（WM: 375）

唯一正しい了解が存在するというのでも、また、後の了解が以前の了解よりもより優れているというのでもなく、了解はただ単に、その都度異なっているのである。有名な箇所であるが、ガダマーは「**およそ了解するときは、異なって了解するのだ**、と言うだけで十分である」（WM: 280）と述べている。

「了解は、実際、よりよく了解することではまったくない。それは明瞭な概念で内容をより正しく理解できるという意味でも、意識されたものが無意識の産出過程に対してもつ原則的な優越性という意味でも、そうではない。**およそ了解するときは、異なって了解している**というだけで十分である」（WM: 280）

ガダマーがこれによって、「著者を、著者本人が理解していた以上に理解する」というロマン主義的な定式を批判的に修正しようとしていることは、文脈的には明白である。しかし、「十分である」という表現は、正しい解釈と誤った解釈、優れた解釈と劣った解釈の違いは、もはや余計な議論だという意味に解せないことはない。

もしそうだということになると、もはや、どんな解釈も許容されてしまうのではないのか。誤っている解釈も、正しい解釈と対等だということになってしまうのではないのか。ある解釈が別の解釈よりも適切だとか妥当だとか言うことも、できなくなってしまう。これは、まさにハーシュが危惧したような、解釈の無政府主義ではないのか。

唯一正しい解釈が不可能だとすると、妥当でない複数の解釈とともに、妥当な複数の解釈があるのであろうか、それとも、どんな解釈も妥当でないのであろうか。

解釈の基準

ガダマー自身の了解概念は、このように解釈の懐疑主義・無政府主義・相対主義と批判されかねない。ところが、彼は、『真理と方法』第一部の芸術論のなかで、「私の詩句は、人々がそれに与えた意味をもつ」と述べたP・ヴァレリーのことを、まさに、解釈学的ニヒリズムだとして、批判している。

「芸術作品がそれ自身においては完成しえないものであるなら、作品の受容と了解が適切であったかどうかは、何によって測られるのであろうか。芸術作品の形成過程が偶然的・恣意的に中断されたのなら、了解が従うべきものがそこに含まれているということはありえない。ここから、作品の受容者がそこにあるものから何を自分のために作るかは、その享受者に任されている、ということになる。そうなると、作品構造（Gebilde）を了解するある仕方は、別の仕方よりも同程度に正当なのである。了解が適切であるかどうかを決める基準はどこにもない。……これは支持できない解釈学的ニヒリズムであるように、私には思われる」（WM: 90）

受容者・解釈者が作品・テクストの意味を自由に与えることができ、解釈はすべて対等である、というヴァレリーの主張は、ガダマーには、支持できない解釈学的ニヒリズムなのである。ということは、ガダマーが何らかの了解の基準を想定している、ということである。ただ、それは著者の意図ではない。その基準とは何なのか。

ガダマーが、正しい了解ないし解釈の基準を提示していると思われている箇所はいくつかある。

（1）全体と部分の一致

最初の箇所は、ガダマーが、解釈学的循環について論じているところである。解釈学的循環の各段階における全体と部分の一致が正しい了解の基準だというのである。

「すべての部分が全体に一致することが、了解の正しさのためのそのつどの基準である」（WM: 275）

われわれはテクストを読む際に、つねに全体の意味に対する期待を抱いている。この期待はテクストの部分の意味を決定する際に導きの糸となるが、他方で、テクストの個々の部分を読むにつれて、その結果に基づいて訂正されてゆく。これが全体と部分の解釈学的循環である。

全体の意味を訂正したり、予期された全体から各部分の意味を決めたりするごとに、全体と部分の一致が基準として使われる。了解のある段階で、ある箇所について妥当に思われる二つの解釈が思い浮かんだとして、そのどちらを採用すべきかは、それが予期された全体とうまく一致するかどうかで決まる。

全体と部分の一致が基準であるとしても、その全体というのは、それまで読み終わった部分や、ジャンルについての慣習や知識、解釈者の読書経験などから、解釈者が予期するものである。ガダマーは意味期待は伝承との連続性から規定されると言う。

「われわれのテクストの理解を導いている意味期待は、主観性の行為なのではなく、われわれを伝承と結びつけている共通性から規定されている」（WM: 277）

全体は、解釈者が予期するものであるが、しかし、それは解釈者が属す伝統から規定されているので、解釈者が恣意的に決めることができるというわけではない。だが、属す伝統が異なれば、異なる全体から部分の意味を決める、ということでもある。

さらに、同じ伝統に属していても、同じ人物が同じテクストを再読するとき、最初に読んだときと同じ意味期待をもてないことは、明白であろう。予期される全体が違えば、部分の読み方も違っている。

二つの解釈がともにこの基準を満たしているとしても、それぞれで理解されている全体と部分とが違っているということが起こりうる。

その解釈がテクストを統一的に説明できるというのは、しかし、最低限の形式的な基準である。ある熟練した批評家の解釈と、別の、やはり熟練した批評家の解釈に大きな違いがあるが、どちらもそれぞれの仕方でこの基準を一応満たしている、ということはありうることだ。そのとき、そのどちらが適切かを判定するのに、この基準は使えない。

全体と部分の一致ということこの基準は、ガダマーが解釈学的循環について論じられている場所で現れる、かなり限定的な概念である。それは、ある解釈者がテクストを読み進めていくうえで、解釈学的循環を回していく際にそのつど用いる基準にすぎない。異なる複数の解釈者の解釈のうちどれが正しいかを決めるのに用いることができるような基準ではない。

（2）内容

それでは、今度はガダマーの次の言葉を考察したい。この引用によれば、解釈の基準はテクストの内容である。

「たしかに、その都度の了解にとって、了解が測られる基準が、そしてそのかぎりで、ある可能な完成が存在する。唯一基準を与え、言葉にもたらされるのは、伝承物の内容（Gehalt）そのものなのである」[45]（WM: 448）

テクスト解釈の基準はテクストの内容であるという。だが、了解と解釈がテクストの内容に即していなければならないのは、あまりに当たり前のことのように感じられる。妥当な解釈は、もちろん、テクストの内容に即しているであろう。それとも、この引用は、著者の意図や著者と同時代の読者の読み方は正しい解釈の基準とはならない、ということを言おうとしているのであろうか。しかし、引用文が置かれている文脈は、とくにそうなっているわけではない。

「内容（Gehalt）」は、その引用文の少し先で、「事柄（Sache）」と言い換えられている[46]。事柄とは、解釈学的な文脈では、テクストのなかで語られていることである。

解釈の基準がテクストの内容であると言ったところで、基準の問題は何も解決されないのではないのか。あるテクストないしはそのある箇所について、そこに何が書かれているかが議論の対象になっているのだから。ある解釈者が自分が理解している内容はこれこれで、自分の解釈はその内容と一致していると主張し、別のある人も同じことを主張する。このときこの二つの解釈のどちらが正しいかを、どのようにして決めるのであろうか。

内容を客観的に子細に分析して、その結果が近いほうを正しい解釈とすればいいと言われるかもしれないが、しかし、そのような子細な分析的な読みもまた、他の二つの解釈と並ぶ一つの（第三の）解釈にすぎない。唯一正しい、ないしは一層妥当な解釈を判定できるのでなければ、それは解釈の基準としては機能しない。テクストの内容が基準と言うのだけでは、ほとんど何も言っていないのに等しい。

たしかに、ハーシュのように、テクストそのものがもつ内在的な意味と、テクストがわれわれにとってもつ意義を区別して、著者が意図した意味そのものを把握できると主張するならば、その把握された意味と解釈を比較して、一致するほうの解釈を選べばよい、ということになる。

しかし、ガダマーはまさに、「意味それ自体」の独断論を批判することにより（WM: 448）、意味と意義、意味と指示の一体性を主張するのである。というのも、彼において、既述のように、テクストの内容を解釈者自身とその状況に関係づける適用は、了解にとって本質的なものだからである。テクストの意味には、それがわれわれにとってもつ意義を通してしか近づけない。テクストの意味そのものを、この適用に先立って把握することはできない。テクストの意味を了解しようとするとき、いつもすでに、そこにテクストの外部である解釈者とその歴史的状況を関係づけてしまっている。

（3）解釈の消失

「詩を新たに読むときに解釈が絶対的な仕方で消えることができる、ということ以外に、詩の唯一正しい解釈のための基準はない」[47]（GW9: 344）

解釈は了解の完成とともに、了解内容のなかに消え去る。そして、このように消失したときに、解釈は正しいのだというのである。言い換えれば、解釈が解釈としていつまでも消えないのは、その解釈が不適切である証拠である。つまり、ガダマーは解釈の基準を、解釈や「解釈する諸概念」[48]の消失に求めている。

だが、この消失の現象は、解釈というよりは、言語に見られるものなのである。解釈が消え去るのも、その言語性による。というのも、解釈は了解の言語的側面だからである。言語は、媒体として、それが媒介したものの陰に隠れる。言語は排除されるのではなく、内容のなかにいわば溶け込んでしまうのである。

「言語の実際の遂行は、言語それ自身を、言語のなかにそのつど言われている内容の陰に消し去るようにさせる」[49]（GW2: 151）

外国語を学び始めたときは、わからない語の意味の調査や理解できない文の構造の分析にエネルギーを費やさざるをえない。ここではまだ、外国語が外国語として意識されている。しかし、その外国語をマスターしてしまえば、そういったものはほとんど意識せずに、その外国語の文章が伝える内容に集中できるようになる。言語は言語として消滅する。

このことは言語以外の媒体や道具についても当てはまるのかもしれない。たとえば、演劇のなかでも、俳優は、彼が演じる世界のなかでは、俳優としては消滅する（WM: 109）。絵のモデルも、描かれた人物画のなかで消失する（WM: 138）。

メガネは、はじめてかけるとき、あるいは、メガネを新調したときは、異物として、メガネとして感じられるが、しかし、慣れてしまえば、メガネは体の一部のようになり、意識されないようになる。今度は、意識され注意の対象となるのは、メガネを通して見た対象となる。

このように、解釈の消失という基準は、全体と部分の一致と同様に、一つ一つの解釈が完成するための形式的な基準であり、同じ条件を満たしている他の解釈と比較するための基準ではない。

（4）事柄にふさわしい先入見

先入見に関する章で述べたように、ガダマーは、啓蒙主義的な先入見概念を批判して、あらかじめの判断は本番の判断を正しく導くことも誤って導くこともあるのだから、先入見だからといって一律に根拠がないとか、無根拠であるとか言えないのだと、主張した。先入見には、誤ったものもあるが、正当な先入見というものも存在するのである。

正当な先入見というのは、事柄と一致する先入見のことだろうか。たしかに、ガダマーはハイデガーの先構造を分析している箇所では、「事柄にふさわしい（sachangemessen）」という表現も用いていて（WM: 252）、この表現は、すでに指摘したように、真理の一致説を前提しているように見えるが、実際にはそうではない。また、事柄はテクストの内容のことであり、これは（2）「テクストの内容」と同じことなのかもしれない。

形式論理学では、ある命題の内容が客観的な現実と一致すれば、その命題は真であると言われる。「A君は柔道部の部員である」という命題は、実際に（現実において）A君が柔道部であることを最新の部員名簿などを調べて確認できれば、真であると言える。

しかし、そう言えるには、われわれは現実そのものを知り、それを命題と比較できなければならない。だが、ガダマーは、人間の世界経験は徹底的に言語的であると考えるので、命題と比較すべき現実そのものもまた、命題などの言語的表現を通してしか、われわれの前に現れない。先入見と事柄の関係についても同様で、われわれは先入見を通してこそ、事柄を知ることができる。

テクストは伝承されつつ、解釈者とその時代へと語りかけ、それによって、その意味が現前する。この際、伝統と先入見は、すでに述べたように、過去の内容が現前するための媒体として機能する。テクストは解釈者とその歴史的状況と先入見に語りかけて刺激し流動化する。先入見のこのような変動として、この現前は起きるのだと、「3　先入見はテクストの意味への接近を閉ざしてしまわないのか？」で述べた。

このとき、意識化された先入見が事柄に照らして妥当かどうかが試され、正しい先入見と誤った先入見が区別される。正しい先入見とは、そのもとで解釈者が了解する先入見（WM: 282）、了解を可能にする生産的な先入見（WM: 279）である。そのような先入見は、テクストの事柄をよりうまく解釈者の許にまで媒介する。

正しい先入見の基準は、それが事柄をどう媒介しているかという点にある。そして、正しい先入見によってわれわれは正しく了解できるので、それは同時に、正しい了解の基準でもある。

以上、ガダマーが解釈の基準について述べている箇所を四つ見た。これらの基準のなかで一番基本的なのは、テクストの内容（事柄）である。基準はテクストの内容だと言ったところで、それは基準としては実際上役立たないが、しかし、ガダマーの解釈学の核心に触れるものである。テクスト解釈の基準は内容以外にない。

正しい了解は正しい先入見によって導かれるが、正しい先入見は内容をよく媒介する先入見である。そして、媒体が他のものを伝えるというその機能に徹するならば、媒体は内容のなかに消え去る。だから、解釈は内容のなかに消失したときに、正しい解釈である。

正しい了解・解釈の基準がテクストの内容であるという主張は、ほとんど情報量がないように見えるのだが、この内容は了解と解釈にとって、一定の拘束性をもっている。というのも、ガダマーにおいて、了解と解釈はテクストの内容に属し、テクストの内容の実現だからである。この意味でこそ、テクストの内容はテクスト了解の基準である。

異なる解釈の理由

了解がつねに異なるとガダマーが主張することの根拠は、歴史性にある。そして、歴史性は彼の解釈学の根本的な前提なので、テクストの了解が常に新しいことは、彼の解釈学にとって、本質的なことである。

「解釈学的問題の本来の頂点は、伝承が同一の伝承として、しかしながらそのつど異なって、了解されなければならない……というところにある」（WM: 295）

だが、その歴史性ということは、さらに展開すれば、どういうことなのであろうか。了解と解釈がそのつど異なる最初の理由は、解釈者の歴史性である。解釈者の属す時代や文化がいつも同じではないからである。世代や時代が違えば、解釈者が従う慣習や価値の体系、考え方は違ってくる。

すでに述べたとおり、過去の認識は過去と現在との出会い、過去から伝承されたテクストと現代に生きる解釈者との出会いである。テクストやそれが由来する過去の時代が同じものであるとしても、出会う二つのもののうちのもう一方である解釈者とその時代が違っていれば、当然、出会いの結果も違ってくるであろう。

同じことは、適用（Anwendung, Applikation）の概念を使って説明することもできる。テクストが了解されるとき、その内容はつねに、何らかの仕方で解釈者と解釈者が属す状況に適用され、そのなかで妥当性を獲得し承認される。〈意味そのものが理解されたあとで、必要があれば事後的に、その意味が解釈者の状況に応用される〉というのではない。了解のなかに、適用でない部分と適用である部分が存在するのではない。了解は適用を本質的な契機として含んでおり、適用でない了解は存在しない。

了解は歴史的であり、了解する者の言語や文化、価値観などが関わらないような了解は、存在しない。しかし、その了解する者の文化は時代によって異なっているので、了解の仕方や結果もまた、時代ごとに異なっている。

ところで、伝承はいつもすでに解釈者に語りかけているし、解釈者による応答（了解）を通して、一層強く語り始める。だが、語りかけるのは必ず、誰かに対してである。伝承は誰に語りかけているのか。それは、解釈がそのために行われる、ある時代や社会、そしてそこに所属する人々に対してである。

そして、もし、このテクストが語りかけるこの時代や状況が別のものであれば、テクストは別の仕方で語るであろう。これは対話の場合と同じである。われわれは、同じ内容を伝えるときでも、子供に話すときは、難しい語彙を避けてやさしく説明する。家族と他人では、敬語の使い方や話す内容の選び方が異なる。

「どんなテクストも、そしてどんな書物も、もし他者に届く言葉を話さないならば、話さない。だから、解釈は、もし本当にテクストを語らせたいのなら、適切な言葉を見いださなければならない(50)」

（WM: 375）

この引用文にあるように、誰かに語りかけるときは、相手に届く言葉、相手に適切な言葉を見いだして、そしてその言葉で語りかける。相手が話す言葉で語りかけなければならないのである。

通訳や翻訳では、相手に相手の言語で語す（書く）のは、むしろ、基本的な要件である。だが、同じことは、同じ言語を用いた場合でも当てはまる。[51] 同じ言語の内部でも、過去の言語と現在の言語では文法や語彙が厳密には違うし、さらに、同じ時代、同じ社会であっても、異なる集団に属すときは、解釈者がもつ語彙体系や表現様式が完全に同じことはない。

ところで、翻訳は、単に水を別の容器に移し替えるように起きるのではない。言語とそれが表す内容は不可分で、互いに他の条件となるような仕方で一体的である。だから、翻訳者はもしその内容を翻訳先の言語（目的言語）のなかで表現しようとするならば、内容と表現の双方において妥協を強いられる。

別の言語に翻訳することとは、内容の変様も意味しないわけにはいかない。テクストが、それが伝承された時代の言葉で語るのだしても、それは単に、表現だけの問題ではないのである。同じ文学作品も、それが伝承された先の時代や社会によって、人々に訴えるところが少しずつ違っている。

ガダマーが「テクストはその都度別様に理解されてはじめて、理解される」（WM: 292）と言うとき、

「そのつど」ということでまず考えているのは、各時代による解釈の違いである。テクストは、それが書かれた時代を超えて、後代に伝承されるが、世代ごと、時代ごとに異なって了解され解釈されるのである。

同じ時代に属している人は、言語や考え方、価値体系、慣習などを共有しているので、同じテクストを同じような仕方で読む傾向がある。

かりに人間の歴史性が簡単に中断できるものだとすれば、昨日は奈良時代の貴族になりきって読んだテクストを、今日は室町時代の武家の視点で読んでみようなどと、自由に観点を替えて読むことができるはずである。しかし実際には、人間は、自らが生きる時代や社会に制約された歴史的な存在なので、それができない。だから、ガダマーは別に、個人の自由気ままな解釈を正当化しようとして、つねに異なる了解を主張したのではない。

テクストの了解が、過去から伝承されてきたテクストと現在の解釈者との相互作用であるならば、解釈者の属す時代が異なれば、解釈の仕方も異なり、唯一正しい解釈はありえない。しかし、これはどんな恣意的な解釈も許されるということでもない。というのも、解釈者は歴史的な存在として、自分が生きる時代を自由に選べないからである。誤解を恐れずに言えば、解釈者は自分が属す時代が指示するようにしか解釈できない。

平面上では2点を通る直線は一本しか引けないが、事態をそれにたとえることができる。テクストが由来する過去も、解釈者が属す現在も固定しているならば、両者を結ぶ関係としての了解は一つである。

ところで、もし解釈者が、自分が属す時代が指示するとおりにしか解釈できないとすれば、同じ時代の内部での解釈の違いや新しい解釈の出現を、ガダマーはどう説明するのであろうか。

実際には、同じ時代に生きる者の解釈であっても、細かく見ると、個人や集団、階層などによって、違っている。同じ集団ないし個人が、かつて読んだテクストを、新しい仕方で読む、ということも起きている。ガダマーもそれを否定するわけではないであろう。

しかし、こうした個人や機会による解釈の違いもまた、時代による了解の仕方の違いとまったく同様に説明できるのである。同じ時代、同じ社会でも、一様ではなく、そのなかには、さまざまな伝統や階層、集団が存在する。しかも、これらのあいだには政治的なダイナミズムが支配している。それらはその勢力においてかならずしも対等ではなく、一部が支配的で、他は周辺的であったり新興勢力であったりする。しかも、その勢力地図は時間とともに変化していく。

さらに言えば、同じ時代には、さまざまな個性と性格と経歴の個人がいる。同じ個人であっても、子どものときと若者のときと老年期では違っている。

人は自分が属す集団や階層を、自由気ままに取り替えることはできない。個人は自分の性格や年令を気ままに変更することはできない。このような意味で、一方では、解釈者は固定されている。

他方では、解釈されるテクストは同じ時代に由来する同じテクストとして、固定されている。だとすれば、やはり二点を通る直線は一本しか引けないのである。同じ社会の異なる集団に属す者では、解釈者の固定点がわずかにずれているので、解釈にもずれがある。

ここで誤解を避けるために言っておいたほうがよいであろう。了解が歴史的であるということは、新しい解釈が不可能であるということではない。解釈者の属す時代や状況は、過去や異文化からの影響や、その時代に内在する諸要因のダイナミクスから、絶えず変化しているからである。

新しい解釈は、この時代と状況の変動とともに、言い換えれば新しい時代に伴われて、やってくるのであって、ある天才的個人の、ゼロから何かを生み出す創造性に由来するのではない。天才的な科学的発見が科学史のほぼ同時期に行われて、どちらが先かで論争が起きることがある。天才的な発見も実は、時代に条件づけられていて、それが行われるのに時が熟したときにはじめて起きるのである。新しい解釈も同様である。たとえば、弁証法的神学におけるような神の国の解釈は、西欧の啓蒙主義や歴史主義の時代には不可能であり、西洋文明と人間の理性に対する信頼が失われた第一次世界大戦後にはじめて可能であった。新しい解釈は、時代の変動の一部として起きる。

同一であるとともに常に他

了解がその都度新しいことの根拠は、解釈者の側だけでなく、テクストの存在様式にもある。言い換えれば、解釈者の歴史性にだけでなく、テクストの時間性にもある。テクストはそれ自身から、そのつど異なった意味をになって現れるのである。

〈テクストの意味は見る方向や観点によって違った表情を見せるが、その根底にある意味そのものは変わらない〉というのではない。意味そのものを想定することは、意味それ自体の独断論として、ガダマーから批判される（WM: 448）。むしろ、変化と歴史性は、伝承されるテクストの意味そのものに属している。だから、彼は次のように言う。

「絶えず新たに同化され解釈されることに依存するというところに、伝承の歴史的な生の本質は存する」（WM: 375）

だが、了解も了解されるテクストも歴史的であるとしたら、解釈や了解は完全な多様性と個別性の中に解消され、そこにどんな連続性もつながりも見いだせなくなってしまうのであろうか。同じテクストの解釈であっても、ある時に行われた解釈は、そのあとに起きる解釈とは無関係なのであろうか。

これに対しては、彼は次のように述べる。

「テクストは、絶えず別様に了解されなければならないとしても、同一のテクストである、この同じテクストがその都度別様にわれわれの前に己れを提示するのである」[52]

時代のよる解釈の多様性のさなかで、テクストはその同一性を保持する。同一であるとともに常に異なっていること、これが伝承の存在様式なのである（WM: 448）。

「同一であるとともに常に他である」という表現は、形式論理学的には矛盾である。矛盾というのが言い過ぎなら、少なくとも、それは緊張関係（WM: 292）だとは言える。また、多様な見方や変転する現象の背後に、不変の構造や法則、本体を想定する常識的な存在論とも、あいいれない。このために、ガダマーのこのような表現に抵抗を感じる人も多いのではないか。

しかし、たとえば、音楽はまさにそのようなものである。曲の演奏は、時代毎に、演奏家ごとに異なっているが、それでもそれは同一の楽曲である。その場合、楽曲は演奏以前にどこかにあるのではなく、演奏のなかにしか存在しない。演奏以前に楽譜があると言われるかもしれないが、楽譜は楽曲と言うより、テクストである。[53]

音楽では、同一性と差異が一致しているのである。同じことがテクストにも当てはまる。同一のテクストは、そのつど異なって伝承され了解されることのなかにこそ存在する。

テクストの存在様式が〈同一であるとともに常に他〉であるのは、テクストの意味が、非常な多面性と言うべきか、豊かな内容を含んでいるからだと考えられる。本章の冒頭の引用にもあったように、たとえば、聖書に語られている事柄はとても豊かなので、聖書記者だけでなく、どんな時代の解釈者にとっても、その了解地平のうちで尽きてしまうことはない。

ガダマー自身は豊かさとは言わず、「意味の出来事の完結不可能な開放性」（WM: 448）という言い方をしている。了解と解釈の多様性は、了解され解釈されるテクストの意味のこうした開放性に、存在論的に基礎づけられている。

テクストの意味の豊かさは、しかし、無際限ではない。だから、どんな解釈も受け容れるというわけではない。テクストの意味がその側面を見せないのだとしたら、そのようには解釈できない。テクストの意味がある側面を現前させるなら、その側面を開くような仕方で解釈するように、解釈者は求められる。

だから、了解と解釈がそのつど異なると主張したからと言って、ガダマーの解釈学が恣意的な解釈や誤った解釈を放置しようとしていると解すべきではない。

テクストをそのつど異なって解釈するということは、テクストの側から記述すれば、テクストがそのつど別様に自らを現す（sich darstellen）ということにほかならない。こう言い換えられるのは、どんな了解も、了解されるテクストの意味に属しており、テクストと存在論的につながっているからである。

「了解は、けっして、ある与えられた対象に対する主観的な振舞いではなく、影響史に、すなわち、**了解されるものの存在に属している**」（ゴシック引用者 WM: XIX）

テクストの解釈はテクストの意味をある仕方で実現させるものである。

「了解におけるどんな実現も、自らが**了解されるものの一つの歴史的な可能性**であることを承知できる」（ゴシック引用者 WM: 355）

「われわれは、あらゆる形式の解釈学に真に共通なものとして次のことを強調しておきたい。すなわち、了解されるべき意味が解釈のなかではじめて**具体化され完成する**こと、そして、それにもかかわらず、この解釈する行為は、テクストの意味に完全に結びつけられたままであること。法律家も神学者も、適用の課題のなかに、テクストに対する自由を見ることはない」（ゴシック引用者 WM: 315）

しかし、一つの了解は、テクストの意味をある仕方で実現させるものにすぎず、すべてを汲み尽くすことはない。したがって、もし、解釈者が、とらえられなかった別の相を取り込もうとすれば、最初の解釈をそのままのかたちでは保持できず、別の解釈、別の実現に乗り換えなければならない。

こうして、解釈は際限がない過程である。

相対主義

ガダマーはテクストの唯一正しい了解・解釈というものを認めず、どう解釈するかを解釈者が属す時代に依存させた。相対主義という語が、すべてのものはその価値が他のものとの関係において決まるという主張を表すのだとすれば、この意味では、たしかに、彼の解釈学は相対主義的である。これは歴史性の立場から当然出てくる帰結である。

しかし、彼の相対主義は、虚無主義と懐疑主義とは関係がない。虚無主義は、絶対的な価値が失われたあとで、すべてのものは無価値であるという主張であり、解釈学的には、解釈すべき意味は存在せず、どんな解釈も無意味であるとする。懐疑主義は、絶対正しい認識は人間に許されておらず、正しく認識しようとする努力は無駄だと主張し、解釈学では、どんな解釈もテクストの意味に到達できないと言う。無政府主義はあらゆる権力を否定する立場で、解釈学的には、特定の解釈を正統的なものと承認する考えを否定し、解釈を個人の自由に委ねる。

もし「相対主義」を虚無主義や懐疑主義とほとんど同義で用いるならば、ガダマーの解釈学は相対主義とは言えない。相対主義的ではないが、しかし、少なくとも、了解と解釈については、彼は相対的な考え方をするとは言える。

ある時代にテクストのある解釈が支配的であり、テクストの意味を反映する正しい解釈と見なされ、それを基準として、他の解釈は誤っているとか部分的であるとかされる。しかし、他の解釈のなかには、次の時代に、優勢となって基準としてはたらくような解釈が含まれているかもしれないのである。優勢な解釈とそうでない解釈との葛藤を描くガダマーの解釈学は、たぶんに政治的である。

ガダマーは、テクストの唯一正しい解釈を否定した。唯一正しい了解を否定するならば、テクストの意味そのものに到達することは不可能で、了解し解釈しようと努力しても無駄であり、解釈せずに静観を決め込むべきなのであろうか。だが、ガダマーによれば、どんな解釈も一面的で歴史的ではあるものの、解釈されるテクストの内容をある仕方で現前させるものである。「ある仕方で」ということなので、それはテクストの意味を汲み尽くすものではなく、部分的・一面的なのであるが、しかし、その解釈を主張する者にとっては、意味の全体である。どんな解釈も、いわば、解釈される内容に満たされている。

7　了解に共通性は必要なのか？

一般的に言えば、異なる時代・異なる社会に属す者どうしの意思疎通は、不可能ではないとしても、同じ時代・同じ社会に属す者どうしの意思疎通に比べて困難を伴うし、誤解が生じやすい。だから、了解する者とされる者とのあいだに類似性や共通性があることは、了解の可能性の条件の重要な部分を構成しているにちがいない。

しかし、言葉が分からない異民族の人々であっても、彼らの悲しみや興奮は感じ取ることができることがあり、また、身振り手振りを使えば、欲求や現実認識をある程度表現できる。これは、異質な文化や時代の人々であっても、われわれとの共通性が、少ないながらも、存在するからではないのか。

だが、それは、たまたま共通性が見られるというのではなく、もしかしたら、それが可能なのは、人間が人間性という普遍的なもので結ばれているからなのかもしれない。

言語は違っても、言語を話す点では同じである。民族や気候によって住居の形や材料は違っても、住居に住んでいることには変わりない。愛の表現の仕方は違っても、愛を知っていることには変わりない。これは人間性が普遍的だからではないのか。人間の基本的な部分は共通なのであり、それがすべての人間がその存在論的な基層としてもっている人間性である。

だが、言語が同じでも、同じ共同体に属していても、意思疎通がうまく行くとは限らない。むしろ、了解すべき文化や時代に属さない人間のほうが、対象をより客観的に捉えられるのではないのか。たとえば、キリスト教の思想家は、キリスト教徒でない者には理解できないであろうか。中国人でないと、中国文化は正しく理解できないのか。

同質性批判

ガダマーが、了解に共通性が必要であると考えていたかどうかは、とても微妙な問題である。もし、共通性を同質性（Kongenialität）という意味に限定するならば、彼は共通性を了解の前提としては否定したと言わなければならない。ガダマーはシュライアーマッハーやディルタイの解釈学に見られる同質性概念を批判している。

伝統的な解釈学では、著者との同質性が了解の前提である。予見的（divinatorisch）とシュライアーマッハーが呼ぶ直感的・直接的な解釈では、解釈者が自らを著者の精神に移し入れる。この際に、当然、解釈者は著者との同質性を要求されると考えられる。だから、人間は誰もが、他のどの人間のうちの最低限のものをもっていると、彼は言う(54)。

ディルタイについては、すでに述べたように、彼が歴史性ということで考えていたのは、普遍的な人間性のことであった。自然は人間にとって異質であるが、歴史は解釈者と同じ人間の行為やその所産であるがゆえに、同質的であり、これが了解の可能性を保証している。

同質性は同時に、単なる質的な同一性ではなく、同天才性も意味する。つまり、テクストが成立した時代を超えて伝承される古典的なテクストの解釈者は、それを著した天才的な著者と同程度に天才的でなければならない。

この同質性概念は、共通性という概念よりもはるかに意味が強く、テクストが由来した過去と解釈者が属す現代とのあいだの時代の隔たりを、一挙に無意味にしてしまうほどである。人間存在の歴史性と矛盾するようなこうした概念にガダマーが批判的であるのは、当然であろう。彼が、了解する者とされるものとのあいだの共通性について語ることがあるとしても、それは同質性ではありえない。

ガダマーは、むしろ、同質性を了解の前提とはしない。了解の奇跡があるとすれば、それはむしろ、同質性が必要ないところにある。

「テクストの了解可能性を、作品の作者と解釈者を結びつける〈**同質性 Kongenialität**〉**の前提に基づかせるなら、それは邪道である**……了解の奇跡はむしろ、伝承のなかで真に意義があり根源的に有意味なものを認識するには、**どんな同質性も必要ない**、というところにある。われわれはむしろ、テクストの卓越した語りかけに身を開き、テクストがわれわれに語りかける意義に、了解しつつ応ずることができるのである」(ゴシック引用者 WM: 294f. Vgl. WM: 276)

解釈者とテクストとが、解釈者が属す時代とテクストが由来する過去とが完全に同質的で、両者のあいだにどんな違いも隔たりもないとすれば、テクストの了解は解釈者に何ももたらさないであろう。

テクストは逆に、解釈者にとって自明な世界観や見解に一致しないものをもっているがゆえに、言い換えれば、解釈者にとって異質であるがゆえに、解釈者に語る何かを有するのである。馴染みがないが真実かもしれない世界観や人間観を突きつけられ、これまで正しいと思っていた世界観や人間観の一面性が露わになる。テクストの語りかけが解釈者の地平を破り、その先入見の妥当性に動揺を来たし、解釈者に新しい存在様式と現実を与える。疎遠で異質なものを同化することによってこそ、得られるものがあるのである。

「了解する者とテクストのあいだにどんな自明な一致（Übereinstimmung）もないゆえに、テクストにおいて解釈学的経験がわれわれに与えられるのである。ただテクストがその疎遠さから同化されたものへと移されなければならないゆえにこそ、了解しようとしている者に、何かが言われることが可能なのである」（WM: 447）

解釈者とは別の仕方で考え、また現実を把握し思考するがゆえに、解釈者に対して何かを教えるところが、テクストにはある。つまり、テクストのなかで言われている事柄がその真実性において解釈者に迫ってくる。だから、ガダマーはしばしば、事柄の真理（Wahrheit）と言う。歴史的に有限な存在である解釈者は、自分にとって自明なことが、実は、とても一面的だったこと、真実ではないことに気づかされる。

以上のことから言えるのは、ガダマーにおいて、了解に必要なのは共通性ではなく、むしろ相違や異質性なのである。

共通性と対話

このように解釈者と著者の同質性の概念を批判したガダマーではあるが、では、どんな共通性も不要だと考えていたかというと、そうではないらしいのである。ただし、注意すべきは、今度は、解釈者と著者の共通性ではなく、解釈者とテクストの内容との共通性である。彼自身は、「われわれを伝承物に結びつけている共通性（Gemeinsamkeit）」（WM: 277）という言い方をする。ガダマーは、テクスト了解をテクストと解釈者との、過去と現在との対話として記述した。対話は共通性を前提とする。と同時に、対話を通して共通性が形成されるとも言われている。

「どんな対話も、**共通の言語**を前提としている。あるいは、対話は**共通の言語**を生じさせる、と言ったほうがよい。……対話のなかで実現する、事柄についての意思疎通は、したがって、必然的に、対話においては**共通の言語**がはじめて練り上げられる、ということを意味する。……対話者たちは二人とも、成功した対話のなかで、彼らを**新しい共通性**へと結びつける事柄の真理の下に期せずして入り込む。対話における意思疎通は、自分自身の視点を単に活かしたり押し通したりすることではなく、人がそれまでの自分にとどまることがないような**共通なもの**への変様である」（ゴシック引用者 WM: 360）

「人間のあいだの意思疎通（Verständigung）は、**共通の言語**を創り出すと同時に、反対に前提もしている」（ゴシック引用者 GW2: 215）

共通性は対話での意思疎通の前提であり結果なのである。前提され形成されるその共通性とは、「共通の言語」（WM: 360）としばしば表現される。しかし、「共通の言語」とは何であろうか。「共通の言語」の言語は、各国語のことではない。もし言語が各国語のことだとするならば、そして、その共通の言語が了解の前提ならば、互いに相手の使う言語を知らない二人のあいだの意思疎通は不可能だということになる。たとえば、日本語を知らないロシア人と、ロシア語を知らない日本人とのあいだの相互理解は、たしかに難しいにちがいないが、しかし、不可能なわけではない。困難を伴いながらもロシア人と日本人のあいだで意思疎通が成功したとき、では、ロシア語でもないし日本語でもないような、第三の新しい各国語が形成されるかというと、そういうわけでもない。だから、ガダマーが「共通の言語」と言うときの言語は、ロシア語や日本語とかいった各国語ではない。

では、「共通の言語」とは何かという問いに対する答えのヒントは、しばしばその言い換えとして彼が使う「共通の事柄」という表現にある。

「対話のなかで、事柄が表現される。その事柄は私の事柄や著者の事柄であるというだけでなく、**共通の事柄**でもある」（ゴシック引用者 WM: 366）

事柄が言語で表されているものであるのに対して、言語はその媒体であり表現・伝達手段である。

だから、両者は同一物ではないはずである。

しかし、ガダマーの言語概念においては、言語と事柄は一体的である。〈事柄そのものが言語の外部に、たとえば、言語に表現される前の物理的ないし心的な出来事として、まずあり、その次に、事柄が言語で表現される〉というのではない。事柄は、それを表す言語なしにはその事柄ではなく、言語は事柄を表しているのでなければ言語ではない（WM: 450）。

事柄は言語の外にありながら、言語の内部に現前している。前章「6　ガダマーは解釈の相対主義に陥っているのか？」で述べたように、言語は事柄の表現に徹するので、表現してしまえば、言語としては表現内容のなかに消えてしまう。だから、「共通の事柄」と「共通の言語」は、ガダマーでは、ほぼ同じことを意味していると考えてよいのである。

前提としての共通性

前提としての事柄の共通性とは、具体的にどんなことを考えたらよいのであろうか。それは、ガダマーによれば、対話者のあいだに置かれたものである。対話者たちはそれについて言葉を交わす。それは必ずしも事物である必要はない。天気の良さかもしれないし、生活の苦しさかもしれないし、近くで起きた交通事故かもしれない。

ガダマーが対話概念を考えるときのモデルとなっているのは、プラトンである。だから、彼が念頭においている対話の事柄とは、プラトンの対話篇でテーマとなっているような、「善とは何か」「美とは何か」といった哲学的なテーマかもしれない。あるいは、人間の有限性といった、ガダマーが詩論で好むテーマである。

善や美についてまったく見当がつかないという人はいない。およそどんなものであるかはわかっているのである。人々はそれについて深く考えたことはなく、定義することはできないが、美しいものがどんなものか、善い行いとはどんなものか、感覚的にわかっているはずである。吟味されていない臆見や通俗的な観念に属すものであるにしても、それは議論の出発点となるのである。

こういったものが共有されていなければ、対話はできない。国家的現象を理解するには国家の概念を持っていなければならないと、ブルトマンが言っているが、たしかに、国家や国家の行為について見当もつかない相手とは、国家について対話できない。

たとえば、善概念とか国家概念などのようなものが、共通の事柄である。これが共通のものとして、対話する二人を結びつけている。

このように、了解の前提としての共通性というのは、人類に共通する人間性などとして、あらかじめ独断的に、形而上学的な基層として前提されるものではなく、その対話者たちのあいだにそのつど見いだしていく歴史的なものである。共通性が何であるかは、あらかじめ一般的に言うことはできないのである。

結果としての共通性

次に、結果としての共通性はどうであろうか。ガダマーは、対話において共通性が形成されると言うが、これはどういうことであろうか。話し合いのなかで、相手の意見を受け容れたり、相手を説得することに成功したり、あるいは、話し合う二人がともに気づかなかったが両者ともに共有しうるような新しい視点や見解が獲得されるのではないか。

ともに国家の概念をもっていても、相手とは国家についての考え方が違うかも知れない。対話相手の一方は民主政が理想的だと思っているかもしれないが、他方は貴族政に肯定的かもしれない。その対話の結果、対話者たちがともに気づいていなかった民主政のある欠点についての考えが二人のあいだで共有されるようになったら、新しい共通の事柄が形成されたと言える。そして、この新しい事柄は共通の言語で表現されるのである。つまり、その新しい事柄を表現するのにふさわしい言い回しや概念が形成されるのである。

このように、共通性が本物の対話において前提であり結果であるなら、テクストとの対話にも同じことが当てはまる。テクストを了解するに先立って、われわれはテクストに語られている内容について、漠然としたものであれ、解釈者としてあらかじめ何らかの仕方で了解している。

このあらかじめの了解は、ガダマーでは、先入見とか先意見とか呼ばれる。先入見は解釈者が属す現在の地平を構成するものであるが、この現在の地平は過去からたえず影響され変化しており、その意味で過去にも由来すると言える。

現在と過去のあいだには共通性が存在する。しかし、過去のテクストは解釈者の先入見を訂正する可能性も十分にあり、その限りで、この共通性は異質性をはらんでいる。

結果としての共通性は解釈学ではどう現れるのか。解釈者がテクストの内容（事柄）を同化して、同時に先入見を訂正させられ、そのテーマについて新しい見解を得たとき、それは新しい共通の事柄であり、新しい共通の言語である。過去が現在と溶融することにより、それまでなかった共通性が生み出される。解釈者とテクストとのあいだで、古い共通性が新しい共通性へと変様するのである。

合意

対話は合意（Einverständnis）を目指している。この合意は、結果としての共通性（共通の事柄や共通の言語）と、違うものなのであろうか。

合意はいつでも達成されるわけではないが、対話は最終的には、あることについての合意を目指している。ガダマーにおいては、対話だけでなく、それは了解全体の目的でさえある。

「あらゆる意思疎通、あらゆる了解の目的は、事柄についての合意である。だから、解釈学は以前から、欠如している、あるいは妨げられている合意を打ち立てることを課題としてきた」（WM: 276）

合意は、対話の目的であり、成功した対話の結果である。だが、ガダマーが他方で、合意を対話や了解に先行するものであるかのように述べている箇所がある。それは、シュライアーマッハーの解釈学を批判して、ガダマーが述べる次の言葉である。シュライアーマッハーは解釈学を誤解を回避する方法と定義したのだが、それに対して彼は、誤解の根底には、根源的な合意がある、というのである。

「ただし、ここでもまた問いが現れる。すなわち、了解とは誤解を避けることだと言うならば、了解の現象は適切に定義されたであろうか。実際には、あらゆる誤解に先だって、何か、「根底となる合意」というようなものが存在しないのであろうか」(GW2: 223)

また、別のところでは、「意思の疎通は、ただ、根源的な合意を基礎としてのみ成功しうる」(GW2: 465) とも述べている。

合意が対話の目的 (WM: 276) であり可能な結果であるとしても、その前提であるというのはどういうことであろうか。最初から合意しているのだとすれば、対話は不要なはずである。ともかく、合意もまた、共通性のように、了解の結果(目的)であると同時に前提なのである。「合意」のほうが「共通の言語」、「共通の事柄」よりも意味が狭いということがあるかもしれないが、ガダマーではそれらとかなりの部分で重なり合う概念だと言えよう。細かく言えば、合意には形式に関わる合意と内容に関わる合意がある。このことは次の引用からわかる。

「話し合いはただ、根源的な合意の土台にもとづいてのみ成功しうるのであり、了解と解釈の課題は、あたかも解釈学が伝承されたテクストのまったくの理解不可能性を、それどころか、誤解による迷いをまず克服しなければならないかのように、記述されるべきではない。……言語的な意思疎通は、話し言葉の語義や規則についての合意だけを前提しているのではない。むしろ、〈事柄〉の観点でも、有意義な議論の対象になりうることすべてにおいて、多くのことが議論の余地がないままである」（WM: 529）

形式に関わる合意というのは、言語の文法や用法、指示関係などに関する取り決めである。「りんご」ということで、異なる種類の果物を思い浮かべる者のあいだでは、意思疎通はうまくいかない。同じ語で同じ物を意味するコード体系を共有している者たちのあいだでこそ、意思疎通が可能になる。そして、意思疎通が可能なかぎり、文法や用法が意識されたり議論の対象になったりすることはない。「〈事柄〉の観点」というのは、それに対して、内容的な合意である。これは、たとえば、既に述べたような、対話者のあいだで共有しているような国家概念であろう。ガダマーにおいては、内容的な合意が重要である。

ところで、シュライアーマッハーが解釈学を誤解を避ける方法と定義したのは、彼において歴史意識が一般的になったからである。歴史意識とは、既に述べたとおり、過去の異質性の意識である。過去は現代にとって異質な世界で、もしこの異質な世界を了解しようとすれば、誤解は必至である。だから、シュライアーマッハーは、解釈学の主要な課題を、誤解を避けることに置いた。

ガダマーは歴史意識に対しては批判的であるが、レーヴィットやシュトラウスのように、単純に歴史意識成立以前に回帰しようとしたのではない。現代における歴史意識の支配は否定できない事実である。

歴史意識という現象は否定できないが、しかし、既述のように、現実が、歴史意識が想定しているようになっているかどうかは問題である。歴史意識が考えるように、もし各時代が独自な価値をもち、他の時代ではなくそれ自身からしか理解できないのなら、その時代が現代のわれわれに語りかけることはないし、現代に対してそれがもつ意義について論じることは、無意味か、またはまったく副次的である。

しかし、ガダマーの理解では、歴史意識が考えるような仕方で、過去は現代と断絶しているわけではない。過去に由来するテクストのなかには、われわれに対して語りかけうるものがある。

たとえば、過去の人間も死について考えたが、現代人も死について考える。その考え方は違うであろうが、しかし、現代において死について考えるときに、それは参考になるし、単に参考になるというのにとどまることなく、真理とさえなりうる。現代人のほうが死について過去の人間よりよく理解しているということはないので、われわれは、過去のテクストからも学ぶことができるのである。

ガダマーが誤解に先行する根源的な合意について語るのは、歴史意識に対抗して、「死」のような事柄（テーマ）の連続性に注目するからなのである。

歴史の連続性

ここで、ガダマーの時代の隔たりについての議論が結びついてくる。すでに述べたように、テクストが由来する過去と解釈者が属す現在とのあいだには、克服すべき深遠が横たわっているのではなく、伝承に満たされた連続体がある。

「時代の隔たりは、口を開けている深淵ではなく、由来と伝統の連続性によって満たされている」（WM: 281）

歴史意識においては、過去の時代と現代とのあいだは、一挙に跳び越えるべき深淵である。だが、そもそも、現代の解釈者が手に取って読むその過去のテクストは、過去から突然、現代にやってきたのではなく、その過去の時代と現在とのあいだの諸時代と諸世代を通じて伝承されてきたものである。

だから、時代の隔たりは、由来と伝統の連続性によって満たされている。克服すべき対象であった時代の隔たりは、ガダマーにおいて、テクストを現代にまで届けるという積極的な役割を与えられるようになった。

世代から世代へ、時代から時代へと伝承されるという仕方で、過去は現代に届き、現在の文化や概念を変化させている。しかし、過去が現代を変化させるのは、過去は現代とは違うからである。この意味では、過去から伝承したテクストの内容は現代にとって、異質で疎遠である。しかし、現代はたえず過去から影響を受け続けているという点では、連続的で共通的なところがある。

ガダマーは、共通性は了解の前提だと考えるが、その場合の共通性は異質性をはらむことができる、このような共通性である。何か共通なものとして抽象された性質としての共通性、相違や差異と対立する共通性ではなく、ある程度同質的であるが異質な部分を含む連続的な媒体のようなものである。

彼は「歴史の連続性と実存の瞬間」という論文を一九六五年に書いている。一九世紀の歴史哲学に対抗して、二〇世紀に、決断の瞬間を強調する実存主義がおこったが、実存主義ということでガダマーがその論文のなかで念頭においているのは、ブルトマンである。ブルトマンは歴史性を瞬間に還元してしまった。

ガダマーの考えでは、ブルトマンのように歴史の瞬間と連続性とを対立させるのは誤りで、歴史の不連続性のなかに連続性を見い出すという課題が人間の意識には課せられている。過去は忘れ去られていくが、そのなかで記念すべきものを人間の意識は保持する。過去との対話によって、連続性を形成する。

では、人間が自由に歴史の連続性や不連続性を樹立できるかと言えば、そうではなく、歴史はそれ自身から変わり目を迎えるし、人間はしばしばそれを自らの運命として経験（受忍）するだけである。フランス革命のような、歴史的に重要な出来事は、「自らを忘れない」、つまり、それ自身から、忘却を乗り越えて連続する。

この論文で連続性と言われていることは、ガダマーの言う共通性を理解するうえで、重要である。

理性

ガダマーはディルタイが、ヴィーコの影響で、安易に普遍的な人間性を、了解の可能性を保証するものとして安易に想定してしまったことを批判している。ガダマーが言う共通性は人間の同質性や普遍的な人間性ではない。それはもっと事実的・歴史的なものであり、共通性は多かったり少なかったり、そのつど内容が違っていたりする。

ところが、ガダマーの言語論における彼の次の言葉は何か、普遍的な人間性のようなものについて語っているように見える。

「言語は理性の言語である」（WM: 379）

「諸言語と諸慣習の相対性の背後には、共通性が横たわっている。この共通性はもはや言語ではなく、可能な言語化への傾向をもつ共通なもの（これを表すのに、「理性」という適切な語はけっして最悪ではない）である」（GW2: 204）

さまざまな言語（各国語）で異なって言語化される以前の、同一の傾向が人間にはある。そして、ガダマーはそれを理性と呼んでいるのである。

理性と言えば、啓蒙主義がすべての人間に生まれつき備わる精神的な能力として想定したものである。ガダマー自身の理性概念は、一歩間違えば、形而上学的な共通性への転落を意味しかねない危険な概念ではないであろうか。彼もまた、ディルタイが普遍的な人間の本性に了解の保証を求めたのと同様に、理性という名の共通性に了解の保証を求めたのではないのかという疑念を生じさせる。

しかし、ガダマーは、ロゴスを用いる動物というアリストテレスの人間の定義について、このロゴスをあくまで、言語と解すべきであると主張した。そして、言語は人類共通とも言えるが、さまざまな各国語としてしか存在せず、同じ各国語のなかにも、地域や階層により違っていて、多様性をはらんでいる。理性ではなく言語こそが、ガダマーの関心の中心である。

そして、ガダマーは言語を、言語によって表現される事柄との統一的な関係のなかでとらえた。だから、個別の言語によって表現される前の理性というのは、それ自身もまた、媒体としての言語なのである。ガダマーが理性と呼ぶものは、言語を超えた普遍的な何かではなく、単一であると同時に、各国語として多様であるような言語の単一的・統一的な側面のことにすぎない。彼が言う理性は、形而上学的に想定された共通性ではないと考えるべきであろう

8　テクストは自ら語るか？

ガダマーはしばしば、テクストや伝承について、「語りかける（ansprechen, anreden）」、「語りかけ Anrede, Anspruch」という言い回しを使う。伝承されたテクストは、現代のわれわれに語りかける、われわれが属す状況のなかへと語っている（hineinsprechen）、と言うのである。

「われわれのところにやってくる伝承は、現在の**うちへと語りかける**」（ゴシック引用者 WM: 311. Vgl. WM: 418）

「われわれに**語りかける**伝承物」（ゴシック引用者 WM: 355f.）

そして、この語りかけは、解釈学の第一の条件であると言われているので（WM: 283）、どうでもよいことではなく、彼の解釈学の核心に触れるものである。すでに見たように、この語りかけが刺激となって、解釈者を占めていた先入見が意識され、その妥当性が疑われるようになる。テクストは、無論、言語的な構成物であり、その点で、石ころや土器とは区別される。しかし、やはり、人間の産物であっても人間そのものではないから、音の出る絵本のように、テクストに小型のスピーカか何かが仕込まれているのでなければ、テクストは話したり語ったりしないのではないか。ガダマー自身もそのことを他方で認めているのである。

「テクストは〈あなた Du〉のようにはわれわれに語らない」（WM: 359）

ところで、「テクストが語りかける」というような表現をガダマーが用いるのは、彼がブルトマンと同様に、テクスト了解を**対話をモデルとして**考えていることを思い起こせば、当然かもしれない。テクストは解釈者の対話相手として、本物の対話相手のように、解釈者に語りかけるのである。それによって、テクストと解釈者のあいだで対話が始まる。

実際、ガダマーは対話は解釈学のモデルだとしている。

「われわれは解釈学的現象を、二人の人間のあいだで起きる対話をモデルとして考察しようと試みた……」（ゴシック引用者 WM: 360 Vgl. WM: 365）

ただ、そう述べたあとで、この引用の後半部で、ガダマーは両者の共通性こそが重要であることを示唆している。一方が他方を記述するための単なる手段というのではなく、むしろ、両者に共通するより根源的なものが問題なのではないのか。

「……テクスト了解と対話での意思疎通という、この二つの一見とても異なる状況のあいだの主要な共通性は、とりわけ次のところにある。すなわち、どんな了解もどんな意思疎通も、自分の前に置かれた事柄を目指している。ある事柄について対話相手と意思疎通を図るように、解釈者は、自身にテクストが語った事柄を了解する」(ゴシック引用者 WM: 360 Vgl. WM: 365)

対話にもテクスト解釈にも共通しているのは、了解が事柄に関わっているということである。対話は対話相手の人格や意図の把握ではなく、テクスト了解はテクストを著した著者の意図の把握ではない。対話相手も何かについて話し、テクストも何かを内容としていて、その何かについて二者が合意や共通理解を目指している。どちらも、ある事柄について了解し合うことなのである。だから、彼が、テクスト了解を対話として記述することによって、テクストを人格と見なしていた、つまり、擬人化していた、ということではないはずである。

『真理と方法』の構成からも、このことを考えることができる。たしかに、『真理と方法』第二部は解釈学がテーマなので、対話はモデルかもしれない。しかし、第三部の言語論では、言語そのものが主題であり、そして、対話は言語の本来の在り方だとされる。[55] 第三部では対話はモデルではなく、考察対象そのものである。

『真理と方法』の論述は、第三部で解釈学が存在論へと転回するという展開となっている。伝承や芸術作品だけでなく、それらを包括する世界と言語の関係が扱われる。その意味で、第三部の言語論のほうが第一部・第二部よりも議論のレベルが根本的であり、解釈学的な対話は言語としての対話の特殊な場合にすぎない。

さて、ハイデガーは、既述のように、人間が言語を使って話すのではなく、言語が話すのであると主張した。[56] たしかに人間は話すが、それはあくまで、この言語の語りかけに対する応答としてだというのである。ハイデガーに対しても、「言語が話すはずがない」といった批判を向けたくなるかもしれない。だが、ここでは、近代主観主義に対する批判がそこに込められていることに留意すべきだと述べるにとどめよう。ガダマーも、「人間が話すというより言語が話すのだ」というハイデガーの主張に同意している（WM: 439）。伝承もまた言語であるので、それ自身から話すのである。[57]

「伝承は**言語**であり、すなわち、〈あなた〉と同じようにそれ自身から話す」（WM: 340）

対話はモデル以上のものであり、[58]だとすれば、「テクストが語る」というのも、単なる比喩以上のものであろう。かりに単なる比喩であるとしても、その表現によってガダマーが表そうとしていたものがあるにちがいない。それは何であろうか。

問い

ところで、もし、テクストが話すということがないとすれば、テクストが問うということもないであろう。解釈者がテクストに問いを立てることはあっても、人間ではないテクストが解釈者に問いを立てることはない。では、テクストは解釈者に問われて、それに答えるであろうか。テクストが話すことがないとすれば、テクストが文字通りの意味で答えることもないであろう。

しかし、ガダマーは対話との共通性を重視するので、解釈者とテクストとのあいだで取り交わされる問いと答えについて語るのである。テクストは解釈者に問われて問うのであり、それどころか、問われる前からいつもすでに、解釈者に問いを投げかけているというのである。

ガダマーはプラトンの問答術の分析から問うこと（Fragen）の本質を引き出した。それによると、問うことは、未決状態におくこと（ins Offene stellen, offenlegen）にある。

「問うことの本質は未決状態に置くことである。問われた事柄の未決性は、答えが確定していないことにある。……問いの意味は、問われた事柄をこのようにその疑問性においてまだ決まっていない状態に置くことにある。……真の問いはどれも、このような未決性（Offenheit）を要求する」（WM: 345）

「問うことは、すなわち、開いた状態に置くこと（Offenlegen）、未決状態におくこと（ins Offene stellen）である。臆見の硬さに対抗して、問うことは事柄の諸可能性を浮動状態におく[59]」（WM: 349）

多くの人は、ある事柄について流布している見解を、共有している。そのような見解は先見解（Vormeinung）として人々を支配しているが、人々にとって、意識されない自明なもので、そのため放棄しがたい。ソクラテスのような挑発者から問われてはじめて、その者において、その見解が本当に正しいのかどうか疑わしくなる。

問われることによって、その事柄を別の仕方で把握する諸可能性が浮上して、それらが検討され試されることになる（WM: 344f.）。引用文に「臆見の硬さ」とあるが、人はなかなか支配的な見解から抜け出せないので、通常の理解に反して本当は、問うことのほうが答えることより難しいのである。

解釈者は、ソクラテスのような人物からではなく、伝承ないしテクストから問われる。解釈者がテクストを読んでそこに汲み取った内容が、異質かつ真実で、解釈者が共有して自明視している意見と一致しないとき、テクストの意見こそが真実である可能性が現れ、自明だと思われていた支配的な見解が疑わしくなる。問うことは語りかけることと同じことである。

これは、無意識のうちに解釈者の頭を占めていた先入見の妥当性が、伝承からの語りかけによって宙に浮いてしまうのと同じ事態を表している。

テクストと解釈者のどちらが最初に問うのかと言えば、常識的には、解釈者がまず問い、つまり、ある問題意識を抱いて、テクストを読み始める。テクストは受動的に解釈されるがままなのであろうか。むしろ、それに反応してではあるが、解釈者にみずから、ある新しい意味を示すのではないか。たとえば、テクストが書かれている言語に習熟してからもう一度読み直すならば、テクストは最初は見せなかった豊かで奥深い世界を示す、作者の伝記的な事実に照らして読むと、以前は不自然に見えた箇所が特別な意味を帯びて迫ってくる、等々といったことが起こる。

人間でない事物も、人間が何か働きかければ、それに反応を見せる。たとえば、鐘をつけば鐘は振動して鈍い音を立てる、水に熱を加えれば沸騰して蒸発していく。ましてや、テクストのような言語的構成物である。文字通りの意味で「答える」のではないとしても、こういった反応を「答え」と表現することは、普通に行われている。

ところが、ガダマーでは、解釈者がテクストを手にとって読み始める前に、テクストが解釈者に問うているのだという。言い換えれば、テクストはいつもすでに解釈者に語りかけている。

「われわれに語りかける、伝承されたもの——テクスト、作品、痕跡——がそれ自身、問いを立てて、それによって、われわれの見解を未解決の状態に置く。われわれに立てられたこの問いに答えるために、われわれは、問われた者として、自ら問うことを開始する」（WM: 355f.）

だから、次の引用で言われているように、厳密には、解釈者があるとき決意して、解釈を開始するのではない。

「たしかに、テクストはどこかから開始しなければならない。しかし、その開始は恣意的ではない。それは本物の開始ではまったくない。それどころか、われわれが見たように、解釈学的な経験は、つねに、了解すべきテクストが、先見解に規定された状況のなかへと語りかけていることを含んでいる。……解釈の開始だと見えているものは、実際には答えである。どんな答えもそうであるが、解釈の意味（方向）もまた、立てられた問いによって決められる」（WM: 447）

だが、解釈者の側からの働きかけなしに、あるいは、それに先だって、どのようにして、人間でも他の生物でもないテクストが何らかの形で、解釈者に、問いかけるなどの働きかけをすることが可能なのだろうか。

敗戦や経済的破綻、失恋、解雇などの重大な出来事は、人間の活動やその結果であるかもしれないが、出来事であって、人間そのものではない。だが、それらは、人間に問いかけられる以前に、それ自身から人間に働きかけ、その人のその後の考え方や行動様式を、いやおうなく変化させる。また、そのような重大な出来事の断片であるような、遺品や傷跡は、その出来事をいつまでもその人に想起させる。重大な出来事でなくても、何気なく食べ始めたあるお菓子の匂いが、以前の生活を想起させる。こういった働きかけを「語りかける」と言えないであろうか。

テクストのような言語的構成物は、強度においてそのような重大な出来事には匹敵しないかもしれないが、それが伝えられる後世に、同様の働きかけをしないであろうか。たしかに、無数に産出され続けているテクストの多くは、影響を後世に残さずに廃棄されてしまうが、しかし、優れたテクスト、古典的なテクストはどうであろうか。

たとえば、話をわかりやすくするために、ある宗教が信じられている前近代的な共同体を考えてみよう。その宗教には聖典があり、共同体の成員はこの聖典を読んでおり、学者はこれを研究している。この共同体の倫理や制度、儀式などはすべて、この聖典に意味づけられ、根拠づけられている。

このような共同体で育った者は、聖典を読もうとして意識的にテクストを手にとる以前から、親や教師から、その聖典からの引用や聖典のなかの挿話、聖典で使われている概念とその解説を聞かされている。読む前から、聖典の言葉を聴いて知っている。

聖典を部分的に聞かされるだけではない。聖典に基づいているとされるさまざまな制度や価値観のなかで教育され、生活し、そしてまた、聖典が定める規範に従うように暗に求められ、違反すればペナルティを受ける。これはこの聖典の影響であり、共同体それ自体が、いわば、聖典の一つの実現、一つの壮大な適用となっている。

このような共同体の成員はすべて、その聖典からいつもすでに「語りかけられている」と言っていいであろう。

しかし、現代社会は複雑なので、このような単純な共同体について言われたことは当てはまらないように見える。古典的な作品はあっても、ほとんどすべての人に影響を与えている単一の特権的なテクストはもはや存在しない。しかし、たとえば、現代の日本政治を変えようとしている政治家たちは、明治維新のような変革の時代に活躍した幕末の藩士たちが書いたものを直接読んだり、彼らについて書かれた本を読んだりすることにより、彼らの影響を間接的に受ける。たとえば、『源氏物語』を読んだことがなくても、日本で教育を受けた者は、「もののあわれ」について、たびたび聞かされている。

哲学の学界や哲学に関心がある読者のあいだでは、プラトンとかカントとか、ヘーゲル、ハイデガーなどが、研究され引用されている。プラトンを読む前から、こうした哲学の学界の構成員たちは、プラトンやハイデガーからの引用を聞かされ、それらについての記述を読まされている。また、大学院生は先輩から、「〜（哲学者の名前）はすごい」といったようなことを聞かされる。

だから、テクストが現代にまで伝承されるような古典的なテクストであるならば、解釈者がテクストを手に取って読み始める前から、そのテクストの内容や断片についてテクストから「語りかけられている」と言えるのではないか。

要求

Anspruch というドイツ語はガダマーでは、ansprechen（語りかける）の名詞形として、「語りかけ」という意味を与えられている。Anspruch は通常は、「要求」とか「請求権」を意味していて、ガダマーでも、この意味は失われていない。ただ、さびしさを紛らわせるために人に話しかけるといったものではなく、言っていることを認めるように、人に要求するのである。

「われわれは、むしろ、テクストの卓越した**語りかけ**（Anspruch）に対して身を開き、**テクストがわれわれに語りかける**際に帯びる意義に応じることができる」（ゴシック引用者 WM: 294. Vgl. WM: 295, WM: 318）

「（テクストの）真理要求 Wahrheitsanspruch」という表現も、ガダマーはしばしば用いるが、これは、テクストが、自らが述べていること（内容、事柄）が真実であることを主張している、ということを意味する（WM: 287）。それは、その内容の真実性に対する権利要求である。

「A君が怪我をした」といった短い言明が発せられるときでさえ、その言明は、同時に、その内容が真実である、「「A君が怪我をした」という命題は真である」ということを訴えている。けっして、「A君が怪我をした」という命題が真か偽か不明であるという中立的な前提で言われているのではない。フィクションであっても、優れた文学作品は、年表や地図にかならずしも位置づけられない普遍的な人間の真実を主張している。

テクストの語りかけは、このように、語られた内容の受け入れを、解釈者に要求するという意味が含まれている。

影響史

ところで、テクストの語りかけというのは、過去の影響、ないし働きかけ（Wirkung）と同じものではないのか。ガダマーが影響史（作用史）とか影響史的意識と言うときの影響は、過去が了解に対して行使するものである。テクストが解釈者が生きている現在の状況の中へと語りかける

(hineinsprechen）ということと、了解に歴史が作用していることとは、同じことではないのか。

影響史（Wirkungsgeschichte）というガダマーの概念は、ある文学研究法に由来する。その研究法とは、文学作品などの成立についての研究（Entstehungsgeschichte）、あるいは、詩人の伝記的な研究（Lebensgeschichte）に対して、その文学作品ないしは詩人が同時代や後代に与えた影響をたどる研究のことである。偉大な詩人や優れた文学作品は後代に対して、新しい文学にモチーフを提供したり、人間の範型を与えたり、パロディーを生んだりする。

文学史的な影響史概念に対して、ガダマーが言う影響史、哲学的・解釈学的な影響史とは、作品や出来事を了解し考察するわれわれ自身がいつもすでに作品の影響史の影響の下に置かれていること、過去の作品や歴史がテクストの了解ないしは了解者の意識を規定していることである（WM: 283f.）。

解釈学的な影響史は文学史的な影響史に由来しているが、違っている点がある。文学史では影響は考察の対象であるが、ガダマーではそれは了解の契機である。たとえば、『枕草子』が江戸時代の仮名草子にどう影響を与えたかの研究は文学史的な影響史、『枕草子』そのものが、これを読み研究するわれわれに与える影響について反省するのが、解釈学的な影響史である。

客観的な認識の理想は、認識する者が認識対象に投げかける先入見や感情、イデオロギーなどをシャットアウトしようとするだけでなく、観察者が対象に与える影響を、そして逆に、認識対象が解釈者に与える影響をも排除しようとするであろう。たとえば、観察するには光が必要だが、光を当ててしまうと、夜行性の動物の本来の生態を観察できない（だから、赤外線カメラが用いられる）。だが、ここでは、対象が認識に影響を与えるほうが重要である。たしかに、対象から認識者に何も伝わらなかったら、対象を認識することはできない。しかし、対象は何かを認識する者に与えるものの、それは影響というようなものではなく、認識者が取捨選択し加工できる、単なるデータでなければならない。

だから、幻覚作用がある薬品の分子構造についての研究は、その薬品の作用が研究者に及ばないように、遂行しなければならない。現代の新興宗教諸集団の学術的な調査で、調査中に研究者が入信してしまうような事態が起きたら、それは客観的認識にとってスキャンダルとなる。客観的認識は対象から影響を受けてはならないのである。

感動したとか心を揺り動かされたといった、古典的なテクストが解釈者にもたらす影響は、今挙げた例での入信といったことよりも、もっと間接的なものであろう。解釈学において重要なのは、この影響を了解の統合的な契機として承認することである。ドイツ語では wirken は Werk の派生語である。作品（Werk）とそれが解釈に与える影響（Wirkung）を統一的に考えなければならないのであり、したがって、作品の理解はその作品が理解する者に対して与える影響の理解をも含んでいる（WM: 538)。

ガダマーは影響史的意識（wirkungsgeschichtliches Bewußtsein）という表現も用いるが、この概念によって彼が要求しているのは、了解に歴史の現実性が働いていることを意識化することである。実は、意識していようと意識していまいと、影響史の影響はすべての了解に働いているのであるが（WM: 285）、この歴史の作用を認めずに忘却する歴史意識に対抗して、影響史的意識はこれを知る意識である。

ところで、次の引用で言われているように、歴史の影響は、何が研究に値するのかを決める。

「われわれが、われわれの解釈学的状況全体にとって規定的な歴史的距離から、ある歴史的な現象を了解しようと試みるとき、われわれはいつもすでに、影響史の影響を受けている。影響史はあらかじめ、**われわれにとって何が問うに値し、そしてまた研究の対象として現れるのかということを、あらかじめきめる**」（WM: 284）

これは、影響史は、研究対象（テーマ）の研究的意義を決めていると言い換えてもよいであろう。意義と言えば、先程の引用で「テクストがわれわれに**語りかける**際に帯びる意義（Bedeutung）」（WM: 294）と言われていた。また、影響史的意識は「適切な問いの獲得」（WM: 285）に関わっているとも言われている。

影響史の影響と伝承の語りかけは同じものだと思われる。というのも、次の引用にあるように、伝承の語りかけも、（影響史と同様に）伝承の意義の経験を可能にし、そしてまた、研究テーマの選択や問題設定を決めている、と言われているからである。

「精神科学における了解は、諸伝承の継続的活動と、ある基本的な前提を共有している。その前提とはすなわち、伝承から**語りかけられている**（angesprochen）ということである。というのも、語りかけられてはじめてその意義（Bedeutung）が経験できるということは、——伝承内容に当てはまるように——研究の対象に当てはまらないであろうか。そのような意義は、むしろ、いつも間接的なもので、現在とのどんな連関も含まないように見える歴史学的な関心に発しているかもしれない。〈客観的な〉歴史学的研究というそのような極端な場合でも、探究されたものの意義を新たに規定することは、歴史学的な課題の本来の完成でありつづける。しかし、意義はそのような研究の最後にあると同時に最初にもある。研究テーマの選択として、研究関心の発生として、新しい問題設定の獲得として」（ゴシック引用者 WM: 266f.）

引用の冒頭で、精神科学的了解と前提が共通していると言われている「諸伝承の継続活動」とは、過去への前学問的な素朴な関わりのことである。過去からの語りかけをシャットアウトしているように見える厳密で客観的な歴史研究でさえ、実は、そのような、過去に対する素朴な態度と同様に、対象となるテクストから語りかけられており、それに基づき研究対象を選択している。

影響史的意識は影響史の意識であるが、解釈学的状況の意識とも言い換えられている。解釈学的状況とは、そのなかで、了解すべき伝承にわれわれが向き合っている状況のことである。われわれはつねに、特定の状況のなかにおり、了解は状況づけられている。状況は、われわれをとりつつんでいるがゆえに、その全体を意識化できない。状況概念は、ガダマーの記述では、地平概念が導入される直前に現れるので（WM: 319）、地平概念と密接な関係にある。解釈学的状況は現在の地平を構成する（WM: 289）。視野も状況と同様に、認識を制限している。

ところで、現在の地平が、過去の語りかけによって先入見が訂正されることによりたえず変化していることはすでに見たが、これは、われわれが属す状況が変化するということであり、この状況の意識が影響史的意識である。このように、ここでも語りかけと影響史の同一性が確認できる。

歴史意識と異なり、影響史的意識は、伝承に対する開放性によって特徴づけられる。その意識は伝承に、解釈者自身に向けて何かを言わせる。これは、影響史的意識が歴史意識と対照的に、テクストが立てる真理要求に対して開かれている、ということである（WM: 343f.）。

伝承は語りかけている。そうして語られた内容を解釈者とその状況において承認し実現させる可能性が、影響史的意識では確保されている。影響史的意識は、テクストに言われている事柄を真実として引き受ける覚悟ができている。

この開放性の論理的な構造が、〈問いと答え〉の論理とされる（WM: 344）。問うことは、硬直している通念や先入見の妥当性を疑問に付し、それらを流動化することであった。これは先入見が伝承の語りかけによってその妥当性を中断されるのと同じことである。やはり影響史と伝承の語りかけは同じものなのである。

影響史的意識は経験とも深く関わる。影響史的意識は、伝承を経験にさせる意識（WM: 344）、純粋な経験形式（WM: 340）、解釈学的経験の完成（WM: 448）であり、経験は問いなしには存在しない、と言われている（WM: 344）。

そして、経験とは無効性（Nichtigkeit）の経験である（WM: 337）。無効性の経験とは、現実がわれわれが想定したのは違っているという経験である。伝承との出会いによる先入見の妥当性の中断というのは、まさに、無効性の経験である。

経験は同時に、自身の有限性と歴史性の経験でもある（WM: 339f.）。歴史のなかで、われわれの予測や計画は原則的に不完全で不確実であるということを認めざるをえない。では、歴史性は何かと言えば、それは解釈的には、解釈者とその了解行為が、時代に制約されていることであるが、しかし、解釈者が生きる時代は孤立しておらず、過去から影響を受けて絶えず変動し、そして未来へと開かれている。歴史性は、より根本的には、歴史の影響を受けているということでもある。これは言い換えれば、過去から語りかけられているということであり、さらに言えば、伝承の声を聴いているということである。だから、歴史性は帰属性と同義ではないかと思われる。

帰属性

ガダマーは、テクストは解釈者が対峙しているような対象ではなく、解釈者は了解されるべきテクストに属している、と主張する。彼において、このことは帰属性（Zugehörigkeit）と呼ばれる。帰属性は、伝承ないし伝統への解釈者の帰属性である。

帰属性を意味するドイツ語には、「聞く hören」という語が隠れている（WM: 438）。したがって、帰属性とは、別の言い換えをするならば、伝承の声を聴くことである。テクストの語りかけが届いているということである。

「諸伝承のなかそのように立つ者は……その者に伝承から届く事柄に耳を傾けなければならない」（WM: 438f.）

ところで、この帰属性は、『真理と方法』のある箇所で、了解における伝統の契機と言い換えられている。

「帰属性の意味、すなわち、歴史的・解釈学的振舞いにおける伝統（Tradition）の契機」（WM: 279）

「伝統（Tradition）」は、「伝承（Überlieferung）」のラテン語形であり、ガダマーでは、両者が区別されることもあるが、多くの場合は、意味がかぶる概念として用いられている。伝承の声を聴くということは、テクストが世代から世代へと伝承されてその意味が現前しているということである。そして、解釈者はこの現前する意味に参与し、再解釈して同時代と後世へと、テクストをさらに伝承する。

テクストは人間ではなく物であるから、「語りかけ」たりしないと主張する者も、もしそれが、過去から伝承されたテクストが解釈者に「影響を与えている」ということだとすれば、理解できるであろう。では、「語りかける」という表現は単なる比喩なのかと言えば、ガダマーは比喩として用いているわけではないと思われる。語りかけるということで、彼は、声帯を振動させて分節された文を発話するというよりも、ずっと包括的な意味を考えているのである。

9　ガダマーはヨーロッパ中心主義者か？

日本では、しばしば、ガダマーがヨーロッパ中心主義者なのかどうかということが議論される。ガダマーは伝統への帰属性を了解の条件としたが、その伝統とは、ヨーロッパの伝統にほかならず、その伝統に帰属していない日本人やその他の民族には、彼らにとって異なる伝統である西洋の古典の理解は最初から閉ざされてしまう、というのである。

もしそうだとすると、実際には日本人は、曲がりなりにもヨーロッパの古典を受容してきたのであり、伝統を共有しない者どうしのあいだで理解は起きているので、ガダマーの理論は誤りだということになる。あるいは、ガダマーの解釈学は正しく、実は、われわれは西洋文明を何も理解していないか、それに近い状態のままで、しかも、それは将来努力すれば克服されるものではなく、原理的なものなのである。

既述のように、ガダマーは精神科学ということで、文学研究や歴史学、法学など、文系の伝統的な諸学問、つまり人文学的な学問を考えていた。ヨーロッパで行われているこれらの学問分野では、解釈者が解釈するのは、多くの場合、解釈者自身が属す伝統のなかで伝承されてきたテクストである。だとしたら、たしかに、ガダマーの精神科学論では、彼が属すヨーロッパの伝統が念頭に置かれていたとしても不思議ではない。

しかしながら、ガダマーは哲学者である。彼の解釈学理論は、けっして西洋文明論やヨーロッパ論として企てられたものではなく、哲学の理論としての一般性を主張するはずである。彼が了解についで論じたら、それは誰がどこで行う了解についても妥当するものとして意図されている。だから、ガダマーが日本の伝統についてほとんど何も知らないのだとしても、彼の理論は哲学の理論として、日本人が日本の古典を了解する際にも当てはまらなければならない。

たしかに、自分が属す伝統のテクストを了解するときは、それでよいであろう。問題なのは、むしろ、異なる伝統のテクストの解釈である。日本人がヨーロッパの古典を解釈する場合など、異文明のテクストの了解、つまり、文明をまたいだ了解は、伝統への帰属を了解の条件とするガダマーの理論では説明できないのではないか。

ガダマーがヨーロッパ主義者かという議論は、そもそもガダマーの伝統概念の誤解に基づいているように、私には思われる。この誤解は、ゲルマニストで哲学者の麻生建が一九七八年に『文学』に発表した、ガダマーとヤウスに関する「文学史への挑発[60]」という論文に発している。

麻生はここで、ガダマーは、ヨーロッパ的な伝統への帰属性を了解の条件としてしまったと、彼を批判している。麻生によると、ガダマーは理解は理解する者とされるものとのあいだに共通性がないからこそ可能であることを明らかにしたのに、これと矛盾する形で、伝統への帰属性を、つまり、伝統という共通性を了解の条件としてしまった。こうすると、解釈者が属すのとは異なる伝統に由来するテクストは、理解できないということになってしまう。

理解に同質性が必要ないということからただちに共通性まで不要だと結論づけることができるのかどうか、そしてまた、伝統への帰属性がただちに、異質性の排除を意味するのかは、すでに見たように、疑問である。

日本の哲学者で、ハイデガーやガダマーの研究者である佐々木一也も、「ガダマーの哲学[61]」という論文で、麻生建と同じようなことを述べている。すなわち、ガダマーにおいて、伝統への帰属性を了解の条件とすることで、異なる伝統のテクストの了解が困難になっている。さらに、佐々木によると、実際、日本人は西洋の思想を学んできたが、この学習の過程で、真に地平融合は起こらず、日本のものと西洋のものが混在したままである。しかし、理解の過程のなかでこの共通の伝統を生成するならば、これに基づいて、地平融合という真の理解にまで達することができる、とする。

麻生のこのガダマー批判は、ハーバーマスやヤウスによるガダマー批判に、ある程度、着想を得ていると思われる。というのも、ハーバーマスはガダマーの「言語性の観念論」とともに、その「伝統主義」を批判したし、ヤウスはガダマーによる伝統の実体化に批判を向けているからである。日本では『真理と方法』の第一部の邦訳が一九八六年に出版され、第一部冒頭の、共通感覚や判断力といった人文主義の伝統的な概念を分析したところが読まれた。麻生らの批判は、これらとの共鳴によってますます増幅されることになった。

伝統・伝承

ガダマーにおいて、解釈者が帰属すべき伝統とは何であろうか。伝統と訳されるドイツ語は、Tradition と Überlieferung である。ラテン語に由来する前者なのか、それとも、そのドイツ語の形の後者なのかという違いはあれ、どちらもその基本的な意味は、受け取ったものを次の人に渡す（weitergeben）、次の世代に伝承する（überliefern, tradieren）、ということである。

ガダマーは伝統への帰属性というときに、どちらの語も用いているので、[62] この二つの形をはっきりは使い分けているとは言えない。ただし、ドイツ語形（Überlieferung）は、伝承されるテクストを指すことが多いと思われる。このときは「伝統」よりも「伝承物」ないし「伝承」と訳したほうがよいであろう。実際、「伝承されたもの Überliefertes」という語も、同じ文脈で用いられている。伝承とは伝承されたテクストなのである。[63]

これに対して、ラテン語形（Tradition）は、もっと包括的なものを意味していることが多い。そこには、同一傾向に属すテクスト群だけでなく、それらの伝承過程や、そのテクストの解釈に基づく慣習や考え方、それらを維持し保守する人々の全体、が含まれてさえいる。日本語の「伝統」というときの意味に近い。

たとえば、「修辞学的伝統」、「人文主義的伝統」といった個々の特定の伝統を指すときは、ガダマーはラテン語形 Tradition を用いる傾向がある。また、ロマン主義的伝統概念についての議論では、彼はもっぱらラテン語形 Tradition を用いている。これらの場合は、「伝統」と訳したほうがよいであろう。

ドイツ語形が伝承物を、ラテン語形が伝統を表す傾向があることは、次のような用例から分かる。[64] これらはいずれも、一つの文のなかにこの二つの異なる形が区別されて用いられ、伝承物（Überlieferung, Überliefertes）が伝統（Tradition）の一部となっていることを示している。

「由来と伝統（Tradition）の連続性の光に照らされて、すべての伝承物（Überlieferung）はわれわれに示される」（WM: 281）

「そこから伝承物（Überlieferung）が語っている伝統（Tradition）」（WM: 279）

「伝承されたもの（das Überkommene）が懐疑と批判によって破壊されずに保存される、伝統（Tradition）の自明な支配」（WM: 265）

「その本質に、伝承されたもの（des Überlieferten）の自明な受け渡し（Weitergabe）が属す伝統（Tradition）……」（WM: XXI）
「伝承されたテクストとその解釈を共同で担っている伝統」（WM: 508）

過去から伝えられるものには、言語的なものとそうでないものがあり、言語的なものには、文字によるものと音声によるもの、つまり、テクストと口承がある。言語的でないものには、慣習・風習や制度、技術、考え方などがある。ただし、すでに見たように、人間が経験するもので言語的に媒介されていないものなどないというのがガダマーの考えなので、実は、これら「非言語的なもの」も言語と深い関係にあり、明示的に言語的ではないというにすぎない。日本語で「伝統」と言うときのように、最広義では伝統はこれら非言語的なものも包括するであろう。

この意味で非言語的な伝統のなかには、芸術作品は含まれているものの、考古学的に発掘される遺構や墳墓の埋葬品は、ガダマーが伝承物と区別して遺物（Überreste）と呼んだ、純粋に非言語的なものなので、含まれていないと思われる（WM: 156, 474）。

精神諸科学の対象、つまり、解釈学の主要な対象となるのは、このうち、言語的な伝統、とくに、文字によって伝承されたもの、つまり、テクストである。

帰属性

さて、ガダマーは伝統（伝承）への帰属性を了解の条件としたが、彼が伝統に帰属するというとき、「諸伝統」と複数形で用いられたり、「ある伝統」と不定冠詞 ein をつけて用いられたりする。

この事実は、彼が伝統ということでもっぱらヨーロッパの伝統という特定のものだけを考えていたのではないことを示唆している。もちろん、それにもかかわらず、彼が念頭においているのは、やはり、ヨーロッパ内部の諸々の小伝統やそのうちの一つなのだ、という反論は出てくるかもしれない。

帰属先として、ラテン語形とドイツ語形の「伝統」とともに、「テクスト」という語が用いられることもある（WM: 312, 434）。ガダマーの伝統概念は伝承物を意味することもあるのだから、この言い換えにまったく不思議はない。

もし伝統への帰属性ということで、解釈者が解釈されるべきテクストに帰属しているということが意味されているのなら、その場合の「伝統」は、単に了解・解釈の対象ということにすぎない。(65)

事実、「歴史学派の反省においてはどんな適切な正当性も見いだせなかった、解釈者のその対象への帰属性」（WM: 249）と、ガダマー自身はあまり使わない「対象 Gegenstand」という概念を使って帰属性を性格づけている。帰属性とは、解釈者が解釈されるものに属していることなのである。

対象に対して批判的距離を保持するか、対象に属するかという違いはあるにしても、解釈するためにはどうしても、その対象となるテクストが必要である。そして、多くの精神科学にとって、テクストは主要な対象であり、その活動の多くはテクスト解釈である。もしテクストがなければその学問の対象がないということになり、したがってまた、そうした学問が不可能になってしまう。

ガダマーが伝統への帰属性を主張しているということから、日本語の「伝統」という語の広い意味に誘導されて性急に彼の伝統主義について語ったり、あるいは、ガダマーが単一の同質的な伝統の内部に了解・解釈を閉じこめたと考えたり、してはならないのである。

だが、実は、ガダマーは同時に、解釈者の帰属先として、単なる個々のテクストを越えているものを考えていたと思われる。というのも、彼は伝統への帰属性と言うとき、ラテン語形の「伝統」も用いることもあるからである。また、ドイツ語形の「伝統」を複数で用いて、「伝承のなかに［立って］いる stehen」という言い方をすることもある（WM: 260, 266, 438)。個々のテクストのなかに立つことはできないので、この場合の伝承は伝承物、つまり個々のテクストではなく、(最広義の伝統ではないとしても）テクスト群とその伝承過程を意味していると考えられる。

そうだとすると、帰属性は、ここでは、解釈者がそのテクスト（群）の伝承過程に組み込まれているということなのである。解釈者は前の時代から、いくつものテクストを受けつぎ、そして、後世へと伝承する。このような伝承過程のなかに立って、解釈者は伝承から語りかけられその声を聴いていること、さらにいえば、伝承から働きかけられていることである。

言語と世界

この章の結論にいたる前に、まずここで、ガダマーの言語論を見るという回り道をしたい。というのも、ガダマーがヨーロッパ主義者だという印象は、『真理と方法』第二部の精神科学論を読んでいるかぎりでは生ずるかもしれないが、第三部を読めば直ちに消えてしまうと思われるからである。ガダマーは主著『真理と方法』の第二部で精神科学（歴史）を論じたあと、今度は第三部で言語を扱うが、しかし、第三部のタイトルに「存在論的転回」とあるように、そこで、彼は解釈学を、伝承（テクスト）の理解のレベルから、存在ないし世界と言語との関係という、より包括的・普遍的で根源的なレベルに移して拡張する。歴史家に代表される精神科学研究者ではなく、言語を話す存在一般、人間一般が問題となる。この点については、すでに述べた。

第三部の最初の節（第1節）では、伝承の了解から存在の了解への存在論的展開を準備する移行的な議論がなされる。つまり、ここでは、伝承を了解するときの了解の言語性と、了解される伝承の言語性が論じられている。そして、前者の了解の言語性、つまり、解釈が了解の本質的な契機であることは、翻訳という特殊で困難な形式においてより明瞭になる、とされる。ガダマーはここで、翻訳の現象をもちだして分析しているのである。

言語が意思伝達の道具にすぎず、それが表す内容と別のものであるなら、翻訳は同じ内容を別の言語という別容器に移し替える作業にすぎない。しかし、既述の通り、ガダマーは言語とそれが表す事柄（内容）を一体のものと考える。だから、原文に忠実であろうとしても、その内容は翻訳先の言語とそれを話す読者の観点から解釈されざるをえないという（WM: 363）。原文の一部が過度に強調されたり明瞭にされたりして、他の次元の再現は放棄される。だが、そのようにして、最終的には、テクストはその内容を、翻訳先の言語で語るようになるのである。

ガダマーの目当ては伝承了解とその言語性にあり、翻訳ではない。しかし、翻訳と言えば、日本人は西洋文明を摂取し受容するために、技術書や文学、哲学書などを翻訳してきた。翻訳は、異なる文明の受容のための重要な手段なのである。

たしかに、ガダマーが念頭においている翻訳は、古代ギリシア語やラテン語の近代語への翻訳かもしれず、たぶん彼は西洋語の日本語への翻訳にまつわる諸困難のことなどは知らないであろう。しかし、彼の翻訳論は哲学として、翻訳一般に妥当するものとして展開されている。だから、異なる文明や異文化の古典的テクストの受容を翻訳によって行う場合にも、彼の解釈学理論は妥当するものと考えられている、と言うべきである。

第三部の第2節で、ガダマーは古代ギリシアの言語論や中世の三位一体論などを考察したあと、第3節のａ項「世界経験としての言語」において、世界と言語の関係について論ずる。ここでの彼の議論はもはや、テクストという特殊な言説形態を歴史家が了解し研究する状況に限定されない。ガダマーは言語を思考と一体のものと考えるが、同時にそれを越えて、存在（世界）とも一体のものと考える。思考（または認識）と言語と存在の三者が一体なのである。

世界そのものと区別された世界観だけでなく、世界そのものが言語によって構成されている（WM: 419）。世界が世界であるのは言語にもたらされている限りであり、言語をもたない動物は、環境（Umwelt）をもっているとしても、世界（Welt）をもたない。逆に、言語はそこに世界が現れていてこそ言語である。言語の根源的な人間性は同時に人間の根源的な言語性である。

だが、言語と言っても、日本語や中国語、アラビア語など多数の言語がある。もし言語が世界と一体だとすれば、世界が言語の数だけ存在することになってしまうのではないだろうか。そして、異なる言語を話す者たちは異なる世界に生きているということになれば、そのあいだの意思疎通の可能性は最初から締め出されてしまっているのではないのか。科学哲学で言う通約不可能性（incommensurability）の事態が生じてしまうということになる。

しかし、環境に棲む動物と違い、人間は世界に対して、ある程度の範囲で異なる態度をとることができる。人間と世界の関係は動物と環境の関係のように直接的ではなく、人間は世界の同じ事柄をさまざまに命名し表現でき、だからこそ、多数の言語があるのである。だが、こう言うと、単一な世界それ自体があり、そして、それを表現する手段としてのさまざまな言語があるのだというように、世界と言語を分離して考えたくなる。

ガダマーにおいて、言語と世界はそのように分離しているのではないが、逆に、同一であるとも言えない微妙な関係にある。世界はさまざまな言語を通して現れるが、しかし、世界は諸言語の外部に存在するのではなく、そのような多様な言語のなかにこそ存在するのである。世界は単一であると同時に多様なのである。

一であると同時に多であるという、この逆説的な関係は、ガダマーにおいて基本的なもので、言語以外のものについても繰り返されている。同一の伝承（テクスト）はそのつど異なって了解される。音楽は同じ曲でも使う楽器や演奏者によって、異なって演奏される。曲そのものが演奏とは別に、演奏に先立ってどこかにあるかというとそうではない。

だから、言語と世界が一体で、かつ、言語が多数あるとしても、それによって、われわれは諸言語（諸世界）のうちの一つに閉じこめられているのではない。われわれは、困難こそあれ、世界（事柄）の共通性に基づいて、他の言語を話す者と意思疎通できるのである。

一つの言語は世界の一つの実現であるが、他の実現可能性は潜在的にそのうちに蔵されていると言うべきである。だから、次の引用で言われているように、自身の言語世界は、それを超えて洞察が拡張されるすべての他の言語世界を含んでいるのである。

「ある人がそのなかで生きている自身の言語世界は、自体存在の認識を妨げる障壁ではない。それは原則的に、われわれの洞察がそこへと拡大して高められて入っていくすべてのものを包括している。たしかに、ある言語的・文化的な伝統（Tradition）に育った者は、世界を他の伝統に属する者とは違う仕方で見る。……しかしながら、どのような伝統（Überlieferung）においてであれ、そこに表現されるのは、いつも、一つの人間的な、つまり、言語で構成された世界なのである。言語的に構成されたものとして、そのような世界はどれも、それ自身から、可能な洞察に、そしてまた、自身の世界像の拡張へと、同時に、それに対応して、他の世界像に対して開かれている」（WM: 423）

この引用で、伝統概念のラテン語形もドイツ語形も用いられているが、どちらも包括的な意味での伝統であり、伝承され解釈されるテクストという意味ではない。そして、伝統は、ここでは、各国語という意味での言語や世界ということと等価である。伝統・言語・世界が互いに異なっても、おのおのの伝統・言語・世界は互いに他に対して開かれている。

フンボルトは言語は世界観であり、外国語の学習は新しい視点の獲得であると述べた。ガダマーにおいて言語は世界観とだけでなく、世界と一体である。だから、母国語以外の言語を学習することにより、新しい世界観、新しい視野が獲得されるだけでなく、新しい世界そのものが開かれるのである。

だから、日本語のなかで、つまり、日本の伝統や文化に育った者は、困難こそあれ、欧米やその他の文明に開かれている。ガダマーの精神科学論ではなく言語論から出発すれば、言い換えれば、『真理と方法』の第二部ではなく第三部に基づけば、彼の解釈学において異なる伝統の理解が閉ざされているという結論は、出てこなかったはずである。

伝承と伝播

話を元に戻すことにする。

すでに書いたように、麻生建や佐々木一也は、ガダマーは伝統への帰属性を了解の条件とすることにより、伝統を共有しない日本人が、ガダマーが属すヨーロッパの伝統の古典を理解する可能性を閉ざしてしまった、と批判した。

だが、これこそ、日本の伝統の実体化ではないであろうか。実際には、一つの伝統のなかには、細かく見ると、いくつもの伝統があり、共存的であったり支配的／従属的であったりする。しかも、これらの小伝統はかならずしも日本に発しているわけではなく、他の地域の大伝統の分流であることもある。

また、明治時代の文章は現代が書くのとは明らかに違った表現で書かれているし、平安時代のような古い時代の文章は、一般の人には、現代語訳なしには読めなくなっている。同じ伝統の内部に異質性が起きている。だが、それは単に文法や表現の問題につきない。帰属性が伝承の言葉を聴くこと、歴史の影響をこうむることを意味していて、それによって、解釈者がそのなかにいる現在の地平が拡張されることになるのは、過去が、現在の地平にはないものをもっているからである。つまり、同じ伝統に属すことはたしかに同質的であることを意味するが、しかし、同時に、その伝統は、いろいろな意味での異質性をはらんでいる。

異なる文明の古典的テクストの解釈はどうであろうか。日本人はプラトンやシェイクスピアを読むとき、麻生らの考えでは、それらのテクストないしそれを伝承する伝統には属していないということになるのだろう。だが、異なる伝統や異文明の異質性は、同じ伝統の内部の異質性とは違う、親密性も共通性もない完全な異質性なのであろうか。その場合、テクストへの帰属がその了解の条件であるなら、了解は不可能である。しかし、実際には、属しているのではないか。というのも、われわれが手にしているテクストは、どうやって、われわれの手に渡ったのであろうか。

文明と文明、文化と文化はいつもすでに、互いに他に影響し合っている。もちろん、その相互の影響は対等である場合はとても稀で、優勢な文明が他の劣勢の文明に一方的に影響し、それを変質させていくことも多い。たとえば、世界史的な視点からは、長く日本は中国文明の周辺的な国家にすぎず、文字や政治制度、宗教、都市設計などを中国から採り入れてきた。

ともかくも、文化や文明は相互に影響し合っている。時間をかけてしずかに、あるいは、短期間に激しく。直接人の交流がなくても、文物や技術、宗教、制度などが、遠隔の地にまで伝わり、その地のそれまでの文化や制度に影響し、変える。

ガダマーは現在の地平は過去の影響でたえず動いていると述べているが、同じことは日本の地平と異文明・異文化とのあいだにも言えるのではないのか。縦方向の伝承とは別に横方向の伝承、通時的な影響（作用 Wirkung）とともに、共時的な影響があるのではないのか。共時的な影響は、伝統とか伝承とか呼ばれないが、文明間、文化間の影響であり、伝播《でんぱ》なのである。

あるいは、伝播と伝承の区別は、もっと相対的なものかもしれない。伝播は同じ時代に共存する二つの文明のあいだで起きるとしても、それは完全に同時に起きるのではなく、時間を要することだからである。仏教の経典がインドから中国を経て日本にもたらされる過程を考えればよい。その際、仏教圏のような大きな文明圏のなかでは、同一の文明のなかでの伝承と言うこともできる。

もともとは異質な文明に属すテクストであっても、一度受容されてしまうと、今度は、そのテクストの伝承は、それを受け容れた文明のなかで独自な仕方で起きる。

西洋は日本から地理的に離れていたが、それでも、正倉院にはローマのガラス細工や食器などが保管されており、鎖国以前には宣教師がやってきてキリスト教を布教した。江戸時代の和算もその影響だという説もある。そして、明治維新後に、産業革命・資本主義革命を果たした欧米の文明が、怒濤《どとう》のように流入して、日本の政治や産業、生活様式を大きく変えた。

今日のわれわれが西洋の古典的テクストを手に取るとき、それはけっして、日本人としてはじめて手に取るのではない。そういったテクストはとくに明治維新直後から科学技術や制度などの受容とともに輸入され、原書で、あるいは翻訳されて、過去の日本人によって読まれ、翻案されたり演劇化されたり、文学作品などにモチーフとして採り入れられたりしてきた。明治時代に翻訳されたテクストが、昭和になって訳し直され、新しい様式で演劇化されたり文学研究の対象とされたりしてきた。

西洋文明のような、日本人にとって元来異質な文明の古典的テクストであっても、日本の文化の内部で、このように伝承過程を構成することができる。また、たとえば同じテクストの新しい日本語訳が西洋の新解釈に基づいて行われるならば、この伝承過程は同時に、西洋文明から二次三次の影響を受ける。つまり、縦の影響に横の影響が交錯する。われわれが西洋の古典的テクストや現代のテクストを手にとって読むとき、その読書はこのような伝承・伝播過程のなかで起きている。

ガダマーはたしかに、異文明の伝播過程における了解・解釈については、特に語っていない。しかし、彼は実は、一九八五年の「現象学と問答術のあいだ」では、(異文明というよりは)異文化の解釈学の可能性に語っている。

『真理と方法』には、時代の隔たりの解釈学的機能について論じた節がある。全集版でそこに付された注において、隔たりには異なる時代のあいだだけでなく、同時代だが異なる文化のあいだの隔たりも存在するので、まず、両者をともに含むような隔たりの解釈学的機能一般について語るべきだった、とガダマーは反省しているのである。

このときガダマーが言及しているのは、青木保もその論文に言及しているワトソンとワトソン＝フランクの『ライフヒストリーを解釈する』という著作である。対話概念は、民族誌的な研究にも意義をもちうるのである。

だから、彼が過去から伝承されたテクストの了解について述べたことは、異文化、異文明から伝播されたテクストの了解についても当てはまるのではないか。異文明からのテクストは過去のテクストに比べて異質性が大きいかもしれないが、しかし、異質であるがゆえにこそ、テクストは解釈者に、彼の思考の地平を破るような何かを語ることができるのである。

この語りかけに応えることが了解なのだとしたら、そして、西洋文明の浸透というこの伝承・伝播・影響過程に参与することが了解の条件であるとすれば、われわれはいつもすでにこの過程に参与しているのであり、異なる伝統に属すテクストであっても、了解が閉ざされているということはないはずである。

注

GW: Hans-Georg Gadamer, Gesammelte Werke, Taschenbuchausgabe,(UTB), 1999.

WM: Hans-Georg Gadamer, Wahrheit und Methode: Grundzuge einer philosophischen Hermeneutik, Tübingen, J.C.B. Mohr(Paul Siebeck), 4. Auflage, 1975.

（1）野家啓一、『科学の解釈学』、新曜社、一九九三年、とくに、「テキストとしての自然」（六二～一一三頁）。

（2）「伝統的解釈学」というのは、古くからの方法論としての解釈学を発展させた解釈学のこととされる。GW2: 187. Vgl. GW9: 187. ランケやドロイゼンの歴史学は、ガダマーでは解釈学ではなく、「歴史的世界観」と呼ばれており、伝統的解釈学には属さないようだ。

（3）F.E.D. Schleiermacher, Hermeneutik und Kritik, hrsg. von M. Frank, Frankfurt a.M., Suhrkamp, S. 57ff.

（4）Frithjof Rodi, Erkenntnis des Erkannten: Zur Hermeneutik des 19. und 20. Jahrhundertt,(stw 858),

Frankfurt a.M., Suhrkamp, 1990.「ディルタイ、ガダマーと伝統的解釈学」『思想』七一六号（一九八四年二月）、二四～三五頁。「生そのもののリズム――晩年のディルタイの目から見たヘーゲルとヘルダーリン」（宮下啓三訳）『ディルタイ研究』（日本ディルタイ協会）第一号（一九八七年）、二一～頁。ローディは「伝統的解釈学」をシュライアーマッハー以前の、特定のテクストの解釈技法に限定された解釈学とし、シュライアーマッハー以降の解釈学から区別した。

（5）イタリアのE・ベッティは法学者であるが、「一般解釈論の基礎づけのために」という論文を、一九五四年にE・ラーベル記念論集に寄せている。そこで、了解は「客観化の諸形式を通して、思考する精神（※解釈者）に話しかける精神（著者）の再認識・追構成」と定義されている。（※は引用者の補足）Emilio Betti, Zur Grundlegung einer allgemeinen Auslegunslehre, Tübingen, Mohr, 1988; S. 15. 初出 Festschrift für Ernst Rabel, Tübingen, Mohr, 1954.

（6）J・ヴァッハはドイツ生まれの宗教学者で、第二次世界大戦後にアメリカに渡り、宗教学を科学として確立することに貢献して、シカゴ学派の祖となった。ロマン主義と歴史主義の伝統の国の出身ながら、実証主義的な風土のなかで研究していた彼は、自己投入といったロマン主義的な概念に十分に慎重であり、主観的解釈と客観的解釈を併用すべきことを主張した。しかし、彼が使用する諸概念は、「体験の表現 expressions of that experience」、「客観化 objectification」、「個性」、「著者の生」、「著者を著者自身が理解していた以上に理解する」など、ほとんどロマン主義的・歴史主義的な概念ばかりである。Joachim Wach, „On Understanding“, in: Essays in the History of Religions, New York : Macmillan / London:

Collier Macmillan, 1988; pp. 171-184.

（7）Schleiermacher, Hermeneutik und Kritik, S. 76f.

（8）F.E.D. Schleiermacher, Hermeneutik und Kritik, hrsg. von M. Frank, Frankfurt a.M., Suhrkamp, S. 94, 318, 321.

（9）R. Bultmann, Glauben und Verstehen, Bd. 2, Tübungen, Mohr, 1968; S. 215.

（10）H・R・ヤウス、『挑発としての文学史』、岩波書店、一五七頁。

（11）GS7: 278. Vgl. WM: 209. ディルタイのこの議論は、ガダマーによると、ヴィーコに基づいている。ヴィーコは『新しい学』で、次のように述べている。「自然界を作ったのは神であるから、その学をもちうるのは一人神のみであるが、これに対して、諸民族の世界即ち社会を作ったものは人間なのだから、この「学」を極めることができるのは人間なのである」（世界の名著、三三（ヴィーコ）、一九七九年、一五六頁）

（12）W. Dilthey, Gesammelte Schriften, Bd. 7, S. 278.

（13）ランケ、『世界史の流れ』、（ちくま学芸文庫）、村岡哲訳、一九九八年、一五頁。

（14）外山滋比古『近代読者論』（みすず書房、一九六九年）七〇頁以下、一七四頁以下。『異本と古典』（外山滋比古著作集3、みすず書房、二〇〇三年）六八頁以下、二四九頁。

（15）『異本と古典』三〇頁以下、一四五頁以下。

（16）現在の制度ができるきっかけともなったある重要な出来事について、それを伝える多くのテクストが失われてしまっているなかで、あるテクストがそれが残された数少ない史料であるという理由で保存され伝承されることはあろう。これは直接的には歴史学的な理由で伝承されるのであるが、しかし、間接的には、それが伝える出来事が現代にとって重要だからである。
(17) 歴史意識成立以前と違い、歴史へのこのような素朴な関わりにも、歴史学的知識が影響している。
(18)「参与（Teilhabe）」は、ガダマーがシュライアーマッハーやランケの了解概念を規定している箇所でも、用いられている。ただし、その場合は、全体的な生（ランケ）や他者（シュライアーマッハー）への直接的な参与である。
(19)「伝承とともに語り始める事柄（der Sache, die mit der Überlieferung zur Sprache kommt)」(WM: 279. Vgl. 448)、「テクストを通して媒介される事柄（der Sache, die durch den Text vermittelt wird)」(WM: 314)、「テクストによって解釈者に言われた事柄」(WM: 360)。
　事柄はテクスト了解ではテクストの内容であるが、対話では対話のテーマを、言語では、言語で表現される事柄を意味する。
(20)「事柄そのもの――テクストの意味」(WM: 441. Vgl. 449)
(21) ガダマーも、このような否定的な意味を込めて「先入見」という語を用いることがある。「唯名論的先入見」(WM: 79)、「美的意識の先入見」(WM: 151)、「ディルタイによって樹立された精神史の先入見」(WM: 158)、「先入見に対する（啓蒙主義の）先入見」(WM: 257）といった用例がそうである。唯名論も美的意識も精神史も啓蒙主義も、ガダマーにとっては批判の対象である。
(22) だから、「予断」と訳したいところだが、「予断」という日本語は、それはそれでまた、「先入見」ほどではないとしても、「状況は予断を許さない」のように消極的にしか用いられない。そこで、本書では先判断と訳すことにしたい。

(23)「完成された啓蒙主義」(WM: 324, 343, 505f.)、「歴史的啓蒙」(WM: 343)

(24) たしかに、人間の身体は歴史的ではないかもしれない。しかし、人類の身体は生物の進化の過程で経てきたものの結果であり、伝承ではなく遺伝として、ミームではなくゲノムとして継承されているものである。

(25) 先入見が現在の地平を構成しているとガダマーが考えていることは、次の引用からも間接的にわかる。「実際には、われわれは自分たちの先入見をたえず試さなければならず、その限りで、現在の地平は絶えず動いている。そのような試しには、とりわけ、過去との出会いと、われわれがそこに由来する伝承の了解が属している」(WM: 289)

(26) 先入見は現在の地平を構成する。しかし、その現在の地平は過去からたえず影響を受け、過去を同化している。だから、先入見は現在にのみ属すのではなく、過去からやってくるとも言える。過去は先入見の妥当性を中断するので異質であるが、同時に、現在と過去において先入見は共通である。「帰属性の意味、つまり、歴史学的・解釈学的振舞いのなかの伝統の契機は、基礎的な先入見の共通性によって満たされる」(WM: 279)

帰属性とは解釈者が伝承に帰属していることである。引用では、この帰属性の意味が先入見の共通性によって満たされると言われている。この場合の共通性は、同じ伝統に属することの共通性であろう。

（27）「解釈学的状況は、われわれが持ち込む先入見によって規定されている」（WM: 289）、「了解すべきテクストは、先意見に規定された状況のうちへと語りかける」（WM: 447）

（28）〈UP選書一八三〉、東京大学出版会。青木はガダマーについての知識を、ガダマーそのものよりも、ワトソン＝フランケとワトソンの論文に負っているようである。M. Watson-Franke and L.C. Watson, „Understanding in Anthropology: A Philosophical Reminder“, in: Cultural Anthropology, Vol. 16（1975）, No. 2（June）, pp. 247-262.

（29）青木保、『文化の翻訳』、九八頁。

（30）青木保、『文化の翻訳』、一二二頁。

（31）「したがって、解釈学的様相の普遍性としてここで主張されることは、そしてまた、とりわけ、了解の遂行様式としての言語性について詳しく論じられたことは、前解釈学的（vorhermeneutisch）な意識にも、解釈学的な意識のすべての様式をも包括するものである。素朴な伝統の同化もまた、たとえ〈地平融合〉として（当然）記述できないのだとしても、〈言い伝えること（Weitersage）〉である（五〇八頁参照）」（WM: XXII）

（32）R・バルト「作者の死」（『物語の構造分析』、花輪光訳、みすず書房、一九七九年）七九～八九頁参照。

（33）T・S・エリオット、「伝統と個人の才能」（『文芸批評論』、岩波文庫、矢本訳、一九三八年）所収。

（34）WM: 278. ガダマーが著者の意図について語っている箇所は、次を参照のこと。WM: XIX, 354; GW2: 104, 272; GW8: 7.

（35）E.D. Hirsch, Validity in Interpretation, 1967, p. 8.
（36）「著者の意図への解釈学的還元は、歴史的出来事を行為者の意図に還元することと同様に、不適切である」（WM: 355）
（37）「最初の読者や著者の意図を引き合いに出すことは、だから、とても粗野な歴史的・解釈学的基準を表しているように思える。この基準を使って、テクストの意味の地平を本当に限定することは許されない。文字に記されたもの（※テクスト）は、その起源と著者の偶然性から切り離され、新しい関連性に積極的に開かれる」（※は引用者の補足 WM: 373）
（38）Paul Ricoeur, „Le modèle du texte: l'action sensée considérée comme un texte", in: Du texte à l'action, Seuil, 1986, pp. 183-211; p. 194f.
（39）リクールはフレーゲの意味と指示の区別を解釈学に持ち込んだ。リクールは言説（discours）という概念を用いるが、それは誰かが誰かに何か（A）について何か（B）を言うこととしての言語である。この場合のAが指示、Bが意味である。テクスト世界、テクストの事柄（chose）とリクールが呼ぶものは、テクストの指示が開く現実である。これに対して、ガダマーはリクールのように、意味と指示を区別しない。彼の事柄は意味でもあり指示でもある。それは言語の外にあるようで内部でもある。
（40）ハーシュはガダマーの事柄概念について、意味（meaning）と意義（significance）を混同していると述べている。
（41）言語は出来事であって、この出来事は事柄に対するわれわれの行為ではなく、事柄そのものの行為であるのだと言われている（WM: 439）のは、この意味においてである。
（42）E.D. Hirsch, Validity in Interpretation, p. 2ff.
（43）Hirsch, op.cit., p. 38, 217f.
（44）ハーシュも、テクストの意味が、誰にでも直観的に把握できるとは考えていなかった。テクストの意味は著者が従っていた慣習体系などの学習を通して、まずはさまざまに推測を立てて、それを意味その他に照らしてテストし、他の者も合意できる、より妥当な解釈を打ち立てていくことではじめて、わかるのである。
（45）芸術作品については、ガダマーは表現（Darstellung）や解釈の正しさの基準を、構造（Gebilde）に求めている。

「われわれの出発点は、芸術作品が遊戯であること、すなわち、その本来の存在がその表現と切り離せないが、しかし、その表現のなかにひとつの構造（Gebilde）の統一性と同一性が現れてくること、であった。表現されること（Sichdarstellen）に依存していることは、芸術作品の本質に属している。これが意味しているのは、表現において作品がどれほど変様と歪曲を受けようとも、作品はそれそのものでありつづける、ということである。表現が構造への連関を含んでいること、構造から看て取られた正しさの基準に従うことは、どんな表現にとっても拘束性となっている」（WM: 116）

「……造形物を作る芸術家は、その解釈者としては適任ではない。解釈学としては、芸術家は、単なる受容者よりも原則的に優れた権威をもつわけではない。芸術家は自身を反省するかぎりで、自らの作品の読者である。芸術家が反省するものとしてもつ意見は、基準ではない。解釈の基準となるのは、ただ、自身の創造物の意味内容（Sinngehalt）、つまり、その造形物が意味していること、だけである」（ゴシック引用者 WM: 181）

（46）Sache が Sinn と言い換えられている箇所もある（WM: 449）

（47）「解釈する諸概念は、了解のなかでは、けっして、解釈する諸概念としては主題化されない。それら諸概念は、むしろ、それが解釈しつつ発言させるものの背後に消え去る定めをもつ。逆説的なことに、解釈は、それがそのように消失しうるときに、正しい」（WM: 375f.）、「一つの解釈は、それが最終的に完全に消失することができるときにこそ、正しい。というのも、それは、詩の新しい経験へと完全に入り込んでいるからである」（GW9: 451）Vgl. WM: 449; WW156; GW9: 344.

（48）最初の引用にある「解釈する概念」というのは、わかりづらいかもしれないが、自然言語のなかでは、学問で使われる概念とは違う固有の素朴な概念の形成が起きている（WM: 405）。だから、ガダマーでは、「言葉は概念的なものによって織り込まれている」（WM: 381）と言われている。普通名詞は特定の個体を指しているのではなく、集合を表している概念である。ただし、自然言語の概念は学問的な概念と違い、偶然的である。

（49）GW8: 19; GW9: 362.

（50）「解釈に用いられる言葉は解釈者の言葉である。……伝承の意味はすべて、了解する自我（※解釈者）との関係のなかで、その意味が理解される具体化を見いだす——たとえば、最初に意味を意図した自我（※

著者）の再構成にではない」（※は引用者の補足 WM: 448f.）

（51）ガダマーに影響を与えたと思われる、エーベリングなどのブルトマン学派の解釈学は、翻訳モデルを多用する。

ブルトマン「どんな解釈も事柄への生の関係を基礎としているという事実は、外国語からの翻訳の過程に関する考察によって、明瞭になる。……外国語についての知識を新たに獲得できるのは、ただ、言葉によって指示された事柄が馴染みになったときだけである」（Glauben und Verstehen, 2. Bd., 5. Auflage, Tübingen, Mohr, 1968; S. 218）フックス「どんな翻訳も暴力的である。それゆえ、どんな解釈も暴力的である。言明は翻訳によってその文脈から引きはがされる。というのも、テクストは他の言語で、他の精神との慣例で働くようになったのに、われわれはわれわれの言語、われわれの精神に、〈形成しつつ〉関わっているからである」（Hermeneutik, 4. Auflage, Tübingen, J.C.B.Mohr, 1970; S. 103）エーベリング「どんな翻訳も、本質的には、通訳のこのような仕事である。つまり、聴き手にも分かる言語にテクストを翻訳することにより、テクストを理解可能にすることである」（Die Geschichtlichkeit der Kirche und ihrer Verkündigung als theologisches Problem, Tübingen, Mohr, 1954; 15）、「ここではまず、次のことが参照されるべきであろう。文字通りの翻訳はどんなものでも、原文にとって十分ではない。……そのような「字義的」な翻訳の理想といったものは、到達できない幻影である」（a.a.O）

ガダマー「翻訳者の状況と解釈者の状況は、したがって、原則同じである」（WM: 364f.）

（52）WM: 375. Vgl. WM: 355.

（53）楽譜を演奏する前に読むとき、その読むということは、演奏とは言わないが、ある種の朗読のようなものであり、Darstellung（演出）である。
（54）Schleiermacher, Hermeneutik und Kritik, S. 170.
（55）WM: 422.「言語はその本質に従えば対話の言語である」（WM: 422）、「言語は対話にこそ、したがってまた、意思疎通の遂行のなかにこそ、その本来の存在をもつ」（WM: 422）
（56）Martin Heidegger, ,Die Sprache,‘ in: Gesamtausgabe, Bd.12: Unterwegs zur Sprache, V.Klostermann, 1985; S.730; S. 30.
（57）別のところでは、解釈学的現象は対話を含むと言われている。「解釈学的な現象もまた、対話の根源性と、問いと答えの構造を内に含んでいる」（WM: 351）
（58）ガダマーだけでなく、彼に影響を与えたハイデガーやブルトマン学派においてもまた、この声と聴覚に関わる表現は支配的である。ハイデガーは存在の声の聴従について語り、ブルトマンは歴史認識を過去との対話とした。こうした表現が単なる比喩でないとなると、これは、西洋の現前の形而上学がもつ音声中心主義の現れだといった、デリダのような批判も出てくるのであろう。
（59）「問うことは定めることではなく、諸可能性を試すことである」（WM: 357）、「問いの本質は、諸可能性を未決状態におくこと、未決状態に保持することである」（WM: 283）。
（60）麻生建「文学史への挑発――ヤウスの受容美学をめぐって」『文学』（岩波書店）四六号（一九七八年四月）三〇六～三二八頁。

（61）佐々木一也「ガダマーの哲学：コミュニケーションを拓くものとしての解釈学」『ハイデッガーと現代ドイツ哲学』、（講座近現代ドイツ哲学III）、千田義光・久保陽一・高山守［編］、理想社、2008年 pp. 167-193. これ以外に次のものを参照した。「テキスト解釈における地平融合の過程」『名古屋大学グローバルCOEプログラム「テクスト布置の解釈学的研究と教育」第一三回国際研究集会（二〇一一年一二月）報告集』pp. 159-165

（62）„in Überlieferungen stehen“（WM: 260）, „Wir stehen vielmehr ständig in Überlieferungen“（WM: 266）, „Traditionen genau so ursprünglich und wesenhaft zu der geschichtlichen Endlichekit des Daseins gehört...“（WM: 248）, „Zugehörigkeit zu Traditionen“（WM: 248）, „Die Zugehörigkeit des Interpreten zu seinem Gegenstande, die in der Reflexion der historischen Schule keine rechte Legitimation zu finden vermochte...“（WM: 249）, „Zugehörigkeit zu einer Tradition“（WM: 275, 279）, „Zugehörigkeit, d.h. das Moment der Tradition im historisch-hermeneutischen Verhalten“（WM: 279）, „Zugehörigkeit des Interpreten zu einer Überlieferung“（WM: 297）, „Zugehörigkeit zur Überlieferung“（WM: 312）, „Zugehörigkeit des Auslegers zu seinem Text“（WM: 312）, „Zugehörigkeit des Interpreten zu seinem Text“（WM: 434）

（63）WM: 155, 278, 280, 307, 318, 340, 351, 446, 508.

（64）他には、「歴史意識は、伝承（Überlieferung）の素朴な同化において伝統（Tradition）を形成することはもはやない」（WM: 221）、「作品ないし伝承（Überlieferung）が、伝統（Tradition）と歴史学とのあいだのほの明かりから、その本来の意義の明るみへと置き移されるべきである……」（WM: 284）、「テクストからその声を発する伝統（Überlieferung）」（WM: 254）のような例外もある。

（65）„Zugehörigkeit des Interpreten zum Interpretendum“ (GW2: 317)

あとがき

二〇一二年の年明けに、アルテの市村敏明氏より、『解釈学入門――ディルタイからガダマーへ』というタイトルで本を書けないか、という打診を受けた。そのときはまだ、ガダマーの『真理と方法』邦訳第Ⅲ巻の翻訳作業をしていたので、翌年までならということで引き受けさせていただいた。

実は、十年くらい前に、私は『ガダマー解釈学入門』という題の本を構想して、書き始めていた短い原稿があった。それは、とくにどこの出版社からの依頼というわけではなく、自発的なものであった。それは長いあいだ放置されていたのだが、読み直してみると、そのままでは現在の自分の考えとして発表できるものではないと感じたので、この原稿を全面的に書き改めるという仕方で、本書を執筆することにした。

二〇一三年四月に一応の原稿を完成させて初校ゲラも出ていたのだが、講義の準備などに追われてしばらく放置してしまい、そのあと時間ができてから、ふたたび読み直して見て、多くを書き改めたり補足したりする必要を感じ、校正に多大な時間がかかってしまった。

タイトルもなかなか決まらなかった。『ガダマーを読む――解釈学とは何か』、『ガーダマー入門――ガーダマーにまつわる疑念に答える』、『ガダマー入門――失われた伝統を求めて』、『ガダマー入門――伝承を継ぐ解釈学へ』など、さまざまな案について、市村氏と行きつ戻りつのやりとりがあり、最終的には、『ガダマー入門――語りかける伝統とは何か』に落ち着いた。

そういう経緯はあったが、ともかくも発行にいたることができて、ほっとしている。市村氏にはとても迷惑をかけてしまったと感じている。

二〇一五年九月一二日

巻田　悦郎

◆著者

巻田　悦郎（まきた　えつろう）

筑波大学大学院哲学・思想研究科修了（文学博士）。フンボルト財団奨励研究員（ハイデルベルク大学）を経て現在、東京理科大学准教授。著書に『リクールのテキスト解釈学』（晃洋書房）Gadamer-Bibliographie（P.Lang）、訳書にガダマー著『真理と方法Ⅱ・Ⅲ』『詩と対話』（法政大学出版局）『ガーダマーとの対話——解釈学・美学・実践哲学』（未来社）など。

ガダマー入門 ——語りかける伝統とは何か

2019年12月15日　新装版第1刷発行

著　　者　巻田　悦郎
発 行 者　市村　敏明
発　　行　株式会社　アルテ
〒170-0013　東京都豊島区東池袋2-62-8
BIGオフィスプラザ池袋11F
TEL.03(6868)6812　FAX.03(6730)1379
http://www.arte-pub.com
発　　売　株式会社　星雲社
〒112-0005　東京都文京区水道1-3-30
TEL.03(3868)3275　FAX.03(3868)6588
装　　丁　清水良洋（Malpu Design）
印刷製本　シナノ書籍印刷株式会社

ISBN978-4-434-26832-8 C0010